Jürgen Bunge

Das untere Richterpersonal und die Richtergehilfen am englischen High Court of Justice

Das untere Richterpersonal und die Richtergehilfen am englischen High Court of Justice

Ein Beitrag zur deutschen Justizreform

von

Dr. jur. Jürgen Bunge

Berlin

1973

J. Schweitzer Verlag · Berlin

Gedruckt mit Unterstützung der Deutsch-Britischen Juristenvereinigung e.V.

ISBN 3 8059 0302 2

Satz: Behr, München – Druck: Gerber, München.

Vorwort

Darstellungen der englischen Gerichtsverfassung – zumindest der Grundzüge – und insbesondere der Stellung der Judges liegen in der englischen und der deutschen Rechtsliteratur mehrfach vor. Dagegen fehlt bisher eine zusammenhängende Untersuchung über das untere Richterpersonal und die Richtergehilfen. Der Grund hierfür dürfte in der historisch gewachsenen Vielfalt dieser Ämter und ihrer engen Verzahnung mit Fragen des Straf- und Zivilprozesses und insbesondere der einzelnen Prozeßarten liegen. Die Strukturen der Zuständigkeitsverteilung zwischen den Judges und dem unteren Richterpersonal sowie den Richtergehilfen haben jedoch immer wieder Anregungen für gleichliegende Probleme der deutschen Justizreform gegeben, insbesondere neuerdings für die Frage der Einführung von „kleinen" und „großen" Richtern und der Entlastung des Richters von Prozeßformalitäten und Verhandlungsvorbereitung. Die vorliegende Untersuchung hat daher eine zweifache Zielsetzung: Mit ihr wird ein Beitrag zu bestimmten Fragen der deutschen Justizreform versucht, indem unter Fortführung einer überkommenen Blickrichtung ein Teilgebiet der englischen Gerichtsverfassung dargestellt wird mit der Absicht, daraus strukturelle Anregungen zu gewinnen. Wegen der Rolle, die das Justizpersonal des englischen High Court of Justice in der Diskussion immer wieder gespielt hat, steht es im Mittelpunkt der vorliegenden Darstellung, wobei die Vielfalt der Ämter des unteren Richterpersonals und der Richtergehilfen keine Beschränkung auf typische Institutionen erlaubte.

Das Material der Untersuchung wurde während eines einjährigen Studiums an der Universität Oxford gesammelt. Meinen Lehrern, Professor Tiedemann (Gießen), Professor Jauernig (Heidelberg) und Professor Kahn-Freund (Oxford), bin ich für vielfältige Anregungen dankbar.

Bei der vorliegenden Arbeit handelt es sich um die Dissertation des Verfassers, die im Mai 1972 beim Fachbereich Rechtswissenschaften der Justus-Liebig-Universität in Gießen eingereicht wurde. Gutachter waren Professor Dr. Klaus Tiedemann, Gießen, und Vizepräsident a. D. Professor Dr. Helmut R. Külz, Berlin.

Berlin, im Oktober 1972 *Jürgen Bunge*

Inhaltsverzeichnis

Abkürzungsverzeichnis
(mit Entscheidungssammlungen)

Ein Verzeichnis der wichtigsten Entscheidungssammlungen und der dafür gebräuchlichen Abkürzungen bringt *Halsbury*, Laws, 3rd ed. Vol. 1 p. (31) et seq.

A. B. A. J.	American Bar Association Journal
A. C.	Law Reports, Appeal Cases, House of Lords and Privy Council, 1890–
All. E. R.	All England Law Reports, 1936–
AnwBl.	Anwaltsblatt. Nachrichten für die Mitglieder des Deutschen Anwaltsvereins e.V.
App. Cas.	Law Reports, Appeal Cases, House of Lords, 15 vols 1875–1890
AV	Allgemeine Verfügung
Burr.	Burrow's Reports, King's Bench, 5 vols. 1756–1772
c.	chapter
C., Cd., Cmd., Cmnd.	Command Papers (Amtliche Veröffentlichungen; vgl. *Jackson*, Machinery of Justice, p. 476 et seq.)
C. A.	Court of Appeal
C. B.	Common Bench Reports, 18 vols., 1845–1856
C. L. J.	Cambridge Law Journal
Ch.	Law Reports, Chancery Division, 1890–
Ch. D.	Law Reports, Chancery Division, 45 vols., 1875–1890
Co. Rep.	Coke's Reports, 13 parts, 1572–1616
C. & P.	Carrington and Payne's Reports, Nisi Prius, 9 vols., 1823 bis 1841
D. C.	Divisional Court
De G. M. & G.	De Gex, Macnaghten and Gordon's Reports, Chancery, 8 vols., 1851–1857
DJZ	Deutsche Juristen-Zeitung
DÖV	Die Öffentliche Verwaltung
DRiZ	Deutsche Richterzeitung
DRpf.	Deutsche Rechtspflege
E. a. E. Digest	The English and Empire Digest (Repl.: Replacement Edition) 56 vols.
Exch.	Exchequer Reports (Welsbury, Hurlstone and Gordon), 11 vols., 1847–1856
H. L.	House of Lords
ibid.	ibidem (aaO)
JZ	Juristenzeitung
K. B.	Law Reports, King's Bench Division, 53 vols., 1900–1952

L. J., K. B. oder Q. B.	Law Journal, King's Bench oder Queen's Bench, 1831–1946
L. J. P.	Law Journal Probate, Divorce and Admiralty, 1875–1946
Lords Journals	Journals of the House of Lords
L. Q. R.	Law Quarterly Review
L. R. H. L.	Law Reports, English and Irish Appeals and Peerage Claims, House of Lords, 7 vols., 1866–1875
L. S. G.	Law Society Gazette
L. T.	Law Times Reports, 1859–1947
M. L. R.	The Modern Law Review
Mans.	Manson's Bankruptcy and Company Cases, 21 vols., 1893–1914
NJW	Neue Juristische Wochenschrift
Ord.	Order
P.	Law Reports, Probate, Divorce and Admiralty Division, 1890–
P. C.	Privy Council
P. D.	Law Reports, Probate, Divorce and Admiralty Division, 15 vols., 1875–1890
PrJMBl.	Justiz-Ministerialblatt für die Preußische Gesetzgebung und Rechtspflege
Q. B.	Law Reports, Queen's Bench Division, 1891–1901, und seit 1952
Q. B. D.	Law Reports, Queen's Bench Division, 25 vols., 1875–1890
RheinZ	Rheinische Zeitschrift für Zivil- und Prozeßrecht des In- und Auslandes
RpflBl.	Rechtspflegerblatt
Rpfleger	Der Deutsche Rechtspfleger
S. I.	Statutory Instrument
S. J.	Solicitors' Journal
SJZ	Süddeutsche Juristen-Zeitung
S. R. & O.	Statutory Rule and Order
sch.	schedule (Verzeichnis im Anhang)
T. L. R.	Times Law Reports, 1884–
W. L. R.	Weekly Law Reports
W. N.	Law Reports, Weekly Notes, 1866–
ZStrW	Zeitschrift für die gesamte Strafrechtswissenschaft
ZZP	Zeitschrift für Zivilprozeß

Gesetzesverzeichnis
(Statutes, Rules, Orders und Memoranden)

Die Statutes sind in den Anmerkungen mit Namen und Jahr, also nicht in der bis 1962 in England überwiegend üblichen Form zitiert. Im folgenden Gesetzesverzeichnis sind sie nach beiden Zitierweisen aufgeführt, da die ältere Literatur regelmäßig noch nach Regierungsjahr, Monarch und Kapitel im Statuten-Buch zitiert. Seit dem Acts of Parliament Numbering and Citation Act, 1962, folgt die Kapitelnummer im Statuten-Buch dem Kalenderjahr und nicht mehr dem Regierungsjahr, die Nennung des Monarchen konnte daher weggelassen werden[1]. Das Gesetzesverzeichnis enthält neben den Statutes[2] auch Rechtsverordnungen (statutory instruments)[3], insbesondere Rules und Orders sowie einige richterliche Memoranden.

1852, Court of Chancery Act, 15 & Vict. c. 80
1857, Matrimonial Causes Act, 20 & 21 Vict. c. 85
1858, Court of Probate Act, 21 & 22 Vict. c. 95
1869, Bankruptcy Act, 32 & 33 Vict. c. 71
1870, Juries Act, 33 & 34 Vict. c. 77
1873, Supreme Court of Judicature Act, 36 & 37 Vict. c. 66
1875, Supreme Court of Judicature Act, 38 & 39 Vict. c. 77
1876, Appellate Jurisdiction Act, 39 & 40 Vict. c. 59
1879, Judicature (Officers) Act, 42 & 43 Vict. c. 78
1882, Married Women's Property Act, 45 & 46 Vict. c. 75
1890, Lunacy Act, 53 & 54 Vict. c. 5
1894, Prize Court Act, 57 & 58 Vict, c. 39
1894, Merchant Shipping Act, 57 & 58 Vict. c. 60
1894, Rules of the Supreme Court (Merchant Shipping); S. R. & O. Rev. 1948, Vol. 22, p. 108
1914, Bankruptcy Act, 4 & 5 Geo. 5 c. 59
1921, Order as to Assignment of Bankruptcy Business in the High Court to the Chancery Division, S. R. & O. 1921 No. 1741
1922, Juries Act, 12 & 13 Geo. c. 11
1922, Lunacy Act, 12 & 13 Geo. 5 c. 60
1924, Order as to Transaction of Bankruptcy Business during Vacation, S. R. & O. 1924 No. 432

[1] Zum Problem des Zitierens vgl. *Jackson,* Machinery of Justice, preface to Tables of Statutes Cited; *Crayes,* Statute Law, p. 51 et seq.
[2] Vgl. *Halsbury,* Statutes, 2nd ed. 1948 et seq.
[3] Vgl. *Halsbury,* Statutory Instruments, 1955 et seq.

1925, Supreme Court of Judicature (Consolidation) Act, 15 & 16 Geo. 5 c. 49
1926, Bankruptcy (Amendment) Act
1928, Administration of Justice Act, 18 & 19 Geo. 5 c. 26
1933, Administration of Justice (Miscellaneous Provisions) Act, 23 & 24 Geo. 5 c. 36
1934, Administration of Justice (Appeals) Act, 24 & 25 Geo. 5 c. 40
1934, County Courts Act, 24 & 25 Geo. 5 c. 53
1936, County Court Rules, S. R. & O. 1936 No. 626 (mit Änd.)
1938, Supreme Court of Judicature (Amendment) Act, 1 & 2 Geo. 6 c. 67
1946, Supreme Court of Judicature (Circuit Officers) Act, 9 & 10 Geo. 6 c. 78
1946, Statutory Instruments Act, 9 & 10 Geo. 6 c. 36
1946, Matrimonial Causes (Special Commission) (No. 2) Order, S. R. & O. 1946 No. 2112
1947, Crown Proceedings Act, 10 & 11 Geo. 6 c. 47
1947, Patients' Estates (Naming of Master's Office) Order, S. R. & O. 1947 No. 1235
1949, Consolidation of Enactments (Procedure) Act, 12, 13 & 14 Geo. 6 c. 33
1949, Civil Aviation Act, 12, 13 & 14 Geo. 6 c. 67
1950, Arbitration Act, 14 Geo. 6 c. 27
1949, Companies (Winding-up) Rules, S. I. 1949, No. 330
1950, District Registries Order in Council, S. I. 1950 No. 1042 (as amended)
1952, Bankruptcy Rules, S. I. 1952 No. 2113 (as amended)
1954, Supreme Court Officers (Pensions) Act, 2 & 3 Eliz. 2 c. 38
1954, Non-Contentions Probate Rules, S. I. 1954 No. 796
1954, Rules of the Supreme Court (Chancery Provisions), S. I. 1954 No. 1728; durch R. S. C. 1965 außer Kraft
1955, Memorandum of the Judges of the Chancery Division, publ. by *Willmott,* M. G., Chief Master, in: L. J. 1955 Vol. 105, p. 221 et seq.
1956, Administration of Justice Act, 4 & 5 Eliz. 2 c. 46
1957, House of Commons Disqualification Act, 5 & 6 Eliz. 2 c. 20
1957, Matrimonial Causes Rules, S. I. 1957 No. 619 (as amended)
1958, Matrimonial Causes (Property and Maintenance) Act, 6 & 7 Eliz. 2 c. 35
1959, Judical Pensions' Act, 7 & 8 Eliz. 2 c. 9
1959, County Courts Act, 7 & 8 Eliz. 2 c. 22

1959, Mental Health Act, 7 & 8 Eliz. 2 c. 72
1959, Supreme Court Costs Rules
1960, Administration of Justice (Judges and Pensions) Act, 9 Eliz. 2 c. 3
1960, Administration of Justice Act, 8 & 9 Eliz. 2 c. 65
1960, Court of Protection Rules, S. I. 1960 No. 1146
1960, Memorandum of the Judges of the Chancery Division, 26th Oct. 1960, in: Annual Practice 1966, p. 1520 et seq.
1962, Acts of Parliament Numbering and Citation Act, 10 & 11 Eliz. 2 c. 34
1962, Redistribution of Business (Revenue Paper) Order, S. I. 1962, No. 2877
1964, Assizes Order, S. I. 1964 No. 279
1965, Administration of Justice Act, c. 2
1965, Judges' Remuneration Act, c. 61
1965, Criminal Procedure (Attendance of Witnesses) Act, c. 69
1965, Matrimonial Causes Act, c. 31
1965, Rules of the Supreme Court (Revision), S. I. 1965 No. 1776 (as amended)
1965, County Courts Jurisdiction Order, S. I. 1965 No. 2141
1966, District Registries Order in Council, S. I. 1966 No. 1189
1966, Master's Practice Directions, Tables and Forms, ed. by Supreme Court of Judicature, Central Office, London 1966
1967, Matrimonial Causes Act, c. 56
1968, Divorce County Courts Order, S. I. 1968 No. 314
1969, Administration of Justice Act, c. 58
1970, Administration of Justice Act, c. 31
1970, Practice Direction (Chancery: Powers of Masters) 30th Jan. 1970; in: 1 W. L. R. 762–764
1971, Courts Act, c. 23
1971, Matrimonial Causes Rules, S. I. 1971 No. 953

Literaturverzeichnis

Abderhalden, H.	Vormund und Mündel im englischen Recht, verglichen mit französischem und deutschem Recht. Berlin 1939
Abel-Smith, B./Stevens, R.	Lawyers and the Courts. A sociological study of the English legal system. 1750–1965. London 1967
Adickes, F.	Grundlinien durchgreifender Justizreform. Betrachtungen und Vorschläge unter Verwertung englisch-schottischer Rechtsgedanken. Berlin 1906
ders.	Herrenhausrede vom 30. 3. 1906, in: DRiZ 1965, S. 258 ff.
Annual Practice	s. *Jacob* et al., Supreme Court Practice
Anwaltsverein	Stellungnahme zu den Vorschlägen zur Änderung der Gerichtsverfassung, in: AnwBl. 1967, S. 319 ff.
ders.	Stellungnahme zum Entwurf eines Gesetzes zur Änderung der Zivilprozeßordnung, in: Anw. Bl. 1968, S. 334 ff.
Archer, P.	The Queen's Courts, 2nd ed. II London 1965
Arens, P.	Mündlichkeitsprinzip und Prozeßbeschleunigung im Zivilprozeß. Berlin 1971 (Bespr. *Schneider* in: NJW 1972, S. 425)
Arndt, C.	Der Richter im demokratischen Staat, in: DRiZ 1972, S. 41 f.
Arnold, E./Meyer-Stolte, K.	Rechtspflegergesetz 1970. Kommentar; 2. neubearb. Aufl., 3. Aufl. v. *Arnold*, Bielefeld 1971
Ball, R. E.	The Chancery Master, in: L. Q. R. 1961, 331
Baumgärtel, G./Mes, P. (Hrsg.)	Rechtstatsachen zur Dauer des Zivilprozesses (erste Instanz). Köln 1971
Baur, F.	Wege zu einer Konzentration der mündlichen Verhandlung im Prozeß. Vortrag. Berlin 1966
Bender, R.	Die Hauptverhandlung in Zivilsachen. (Ein Bericht über den Versuch der 20. Zivilkammer des Landgerichts Stuttgart, die Ziele der Zivilprozeßreform auf der Grundlage der geltenden Gesetze zu erreichen.) In: DRiZ 1968, S. 163 ff.
Bichelmeir, J.	Der juristische Hilfsarbeiter an den obersten deutschen Gerichten. Köln 1971
Bluhm,	Justizreform, Amtsrecht und Sofortmaßnahmen, in: DRiZ 1968, S. 371 ff.
Boor, H.-O. de	Die Methode des englischen Rechts und die deutsche Rechtsreform. Vortrag. Berlin 1934

Boulton, W. W.	Conduct and Etiquette at the Bar. 4th ed. London 1965
Brangsch,	Der Referentenentwurf eines Ersten Justizreformgesetzes, in: AnwBl. 1972, S. 1 ff.
Brodie-Innes, J. W.	Comparative Principles of the Laws of England and Scotland, 1903
Bryant, J. R.	Office of Master in Chancery. Early English Development, in: ABAJ 1954, pp. 498 et seq.
Buchholz, F.	Nochmals Richtergehilfen, in: DRiZ 1961, S. 17
ders.	Gedanken zur Justizreform, in: Rpfleger 1950, S. 145 ff.
ders.	Richterliche Hilfsarbeiter, in: DRiZ 1959, S. 46
Bülow, A./Arnold, H.	Der Internationale Rechtsverkehr in Zivil- und Handelssachen. Losebl.ausg. einschl. 3. Ergl. München usw. 1960
Bundesjustizministerium (Hrsg.)	*Bericht* der Kommission zur Vorbereitung einer Reform der Zivilgerichtsbarkeit, hrsg. v. Bundesjustizministerium 1961, Bundesverlag
ders.	*Bericht* über die Verhandlungsergebnisse der Kommission über Gerichtsverfassungsrecht und Rechtspflegerrecht zur Frage eines drei- oder viergliedrigen Gerichtsaufbaus, 1970, erschienen in der Reihe „recht“ des Bundesjustizministeriums
Carver	Carriage by Sea, 12th ed. by *Colinvaux,* R. P., et al., London 1971
Cohen, H.	History of the English Bar, 1929
Cohn, E. J.	Beweisaufnahme im Wege der zivilprozessualen Rechtshilfe durch das englische Gericht, in: ZZP 1968, S. 230 ff.
ders.	Das Reich des Anwalts. Anwaltsberuf und Anwaltsstand in England. Heidelberg 1949
ders.	Der englische Gerichtstag. Köln usw. 1956
ders.	Richter, Partei und Prozeßvergleich, in: JZ 1959, S. 463 ff.
ders.	Richter, Staat und Gesellschaft in England. Vortrag. Karlsruhe 1958
ders.	Die Lehre vom Schriftsatz nach englischem Recht, in: ZZP 1960, S. 324 ff.
Collins, H. C.	*Humphrey's* District Registry Practice and Procedure. 16th ed. London 1966
Cordery	Law Relating to Solicitors, 6th ed. by *Graham-Green,* G. J., et al., London 1968
Craies, W. F.	Statute Law. 6th ed. by *Edgar,* S. E. G., London 1963
Cruchley, J.	A Handbook on Bankruptcy, Law and Practice, 2nd ed. London 1964
Curti, A.	Englands Zivilprozeß, Berlin 1928
Dale, E. et al.	The Country Court Practice, London 1967 ("Green Book")

Deubner, K. G.	Über Maßnahmen zur Beschleunigung des Zivilprozesses – eine Stellungnahme zu den einschlägigen Vorschriften des Entwurfs eines Gesetzes zur Änderung der Zivilprozeßordnung, in: ZZP Bd. 82, S. 257
Diamond, A. S.	The Queen's Bench Master, 76 L. Q. R. (1960), pp. 504 et seq.
Erdsiek, G.	Bespr. *Cohn*, Gerichtstag, in: JZ 1957, S. 592
Farnborough, L. H.	Das neue englische Ehescheidungsrecht, in: NJW 1971, S. 311 f.
Ferid, M./Firsching, K.	Internationales Erbrecht, Bd. III „Großbritannien", München 1969
Frackenpohl, H.	Das englische Konkursverfahren, Hamb. Diss. 1933
Franzki, H.	Der Entwurf eines Ersten Justizreformgesetzes – Eine kritische Betrachtung – in: DRiZ 1972, S. 80 ff.
Gerichtsordnung	Allgemeine Gerichtsordnung für die Preußischen Staaten. Erster Theil. Prozeßordnung. Berlin 1795.
Gerland, H.	Die englische Gerichtsverfassung. Eine systematische Darstellung. Leipzig 1910
ders.,	Die englische Gerichtsverfassung in ihrer gegenwärtigen Entwicklung und die deutsche Gerichtsreform. Berlin 1908
ders.,	Probleme des englischen Rechtslebens, Leipzig 1929
ders.,	Englische Rechtsprobleme und die deutsche Zivilprozeßreform, Berlin 1930
ders.,	Das Rechtsmittelsystem des englischen Zivilprozesses, in: Rhein. Zschr. 14. Jg. 1926, S. 154
Gneist, R.	Englisches Verwaltungsrecht der Gegenwart, 3. Aufl., 1883/84
Guldener, M.	Schweizerisches Zivilprozeßrecht, 2. Aufl., Zürich 1958
Habscheid, W. J.	Zur Stellung des Rechtspflegers nach dem neuen Rechtspflegergesetz, in: NJW 1970, S. 1775 ff.
Halsbury	The Laws of England, 43 vols., 3rd ed. by *Simonds*, London 1952 et seq.
ders.	Statutes of England, 2nd ed. London 1948 et seq.
ders.	Statutory Instruments, being a Companion Work to Halsbury's Statutes of England, London 1955 et seq.
Hamm	Englische Justiz auf deutschem Boden? in: DJZ 1906, S. 1051 ff.
Hansard	Parliamentary Debates
Henkel, J.	England, Rechtsstaat ohne „gesetzlichen Richter", Frankfurt 1971

Herbst, G.	Die Hauptverhandlung in Zivilsachen und das sog. „Stuttgarter Modell", in: DRiZ 1972, S. 55 ff.
Hermsen	Referat auf dem 8. Deutschen Juristentag, bespr. in: DRiZ 1929, S. 349
Heward, E.	Guide to Chancery Practice, 2nd ed. London 1964
Hewson, B., et al.	British Shipping Laws Vol. IV: The Law of Collisions at Sea, by *McGuffie*, K. C., London 1961
Honegger, P.	Die Amtsentsetzung des Richters, Zürich 1949
Jackson, R. M.	The Machinery of Justice in England, Cambridge 4th ed. 1964, 5th ed. 1967
Jacob, H. I., et al.	The Supreme Court Practice 1967, 1st ed. London 1967, by *Jacob*, H. J., et al. ("White Book"; bis 1967 "Annual Practice")
Jaeger-Lent	Kommentar zur Konkursordnung, Bd. I 8. Aufl. Berlin 1958
Kayser, U.	Die Auswahl der Richter in der englischen und amerikanischen Rechtspraxis, Berlin 1969 (Schriften zum öffentlichen Recht Bd. 94)
Kern, E.	Gerichtsverfassungsrecht, 4. Aufl. 1965
ders.	Geschichte des Gerichtsverfassungsrechts, München 1954
Kerr, W. W.	The Law and Practice as to Receivers, 13th ed. by *Walton*, London 1963
Koellreutter, O.	Richter und Master. Ein Beitrag zur Würdigung des englischen Zivilprozesses. Freib. Diss., Berlin usw. 1908
Küchenhoff, G.	Das System der Sachbearbeiter in der Gerichtsbarkeit, in: DÖV 1959, S. 289
Lewinski, K. v.	England als Erzieher? Berlin 1907
Loewenstein, K.	Staatsrecht und Staatspraxis von Großbritannien, Bd. II (Justiz–Verwaltung–Bürgerrechte) Berlin usw. 1967
Mann, F. A.	Die deutsche Justizreform im Lichte englischer Erfahrungen. Vortrag. Karlsruhe 1965
ders.	Besprechung von *Romberg*, Die Richter Ihrer Majestät, in: NJW 1965, S. 1660
Mendelssohn-Bartholdy, A.	Das Imperium des Richters, Straßburg 1912
ders.	Mitteilungen: Ein Dokument zur Prozeßreform: Der preußische Deputationsbericht über die Revision des Zivilprozesses vom Jahre 1927, in: RheinZ 1913, S. 424 ff.
Odgers, W. B.	Principles of Pleading and Practice in Civil Actions in the High Court of Justice, 19th ed. by *Haarwood*, G. F., et al., 1966
Peters, W.	Das englische bürgerliche Streitverfahren und die deutsche Zivilprozeßreform, Berlin 1908
Rademacher, W.	Juristische Hilfsarbeiter bei den oberen Bundesgerichten, in: DRiZ 1959, S. 271 ff.

Rayden, W. — Practice and Law of Divorce, 10th ed. by *Jackson*, J., et al., London 1967, 11th ed.

Report — Report of the Committee on Chancery Chambers and the Chancery Registrars Office, 1960, Cmnd. 967

Report — Report of the Committee on Supreme Court Practice and Procedure, 1953, Cmnd. 8878

Report — 2nd Interim Report of the Committee on Procedure in Matrimonial Causes, 1946, Cmd. 6945

Report — 2nd Interim Report of the Business of Courts Committee, 1933, Cmd. 4471

Reynold, H. — Justiz in England. Eine Einführung in das englische Rechtsleben. Köln usw. 1968

Richterbund — Beschlüsse des Deutschen Richterbundes zur Großen Justizreform, in: DRiZ 1967, S. 10 ff.

ders. — Leitsätze der Kommission des Deutschen Richterbundes, in: DRiZ 1960, S. 33 ff.

Ritzmann, G. — Arbeitsgerichtsbarkeit und große Justizreform, in: DRiZ 1964, S. 260 ff.

Romberg, H. P. — Die Richter Ihrer Majestät. Stuttgart usw. 1965, 3. Aufl. 1971

Schäffke, E. — Wider die Reformer, in: DRiZ 1968, S. 239 ff.

Schubert, W. — Der Vortermin, Leipzig 1937

Schulze, W. — Die gerichtliche Liquidation von Gesellschaften nach englischem Recht. Diss. Berlin 1933

Schuster, E. — Die Bürgerliche Rechtspflege in England, Berlin 1887

Schwartz, J. C. — Erneuerung deutscher Rechtspflege, Halle 1908

Schellenberger, H. M. — Die Haftung des Anwalts in England, Diss. Bonn 1970

Schier-Eckl — Der Referentenentwurf eines Ersten Justizreformgesetzes, in: NJW 1972, S. 177 ff.

Stein, F. — Die Reform des Zivilprozesses, in: Der Zivilprozeß, vier Vortr. v. *Wach*, A., u. a., Mannheim usw. 1922

ders. — Zur Justizreform. Sechs Vorträge. Tübingen 1907

Streifthau, K. — Die Souveränität des Parlaments. Ein Beitrag zur Aufnahme des Souveränitätsbegriffs in England im 19. Jahrhundert. Stuttgart 1963

Trescher — Die Möglichkeiten der Straffung des zivilprozessualen Verfahrens in der Tatsacheninstanz, Diss. Köln 1968

Vollkommer, M. — Der materielle und formelle Begriff der freiwilligen Gerichtsbarkeit im englischen Recht, Diss. München 1960

ders. — Richter und Gerichte in England, in: ZZP 1960, S. 145 ff.

Wach, A. — Grundfragen und Reform des Zivilprozesses, Berlin 1914

Wagemann, H.	Gibt es „zu viele Richter"? in: DRiZ 1968, S. 11 ff.
Wagner, A.	Zu viele Richter? in: DRiZ 1959, S. 262
ders.	Der Richter, Karlsruhe 1959
Walton, A.	*Russel* on the Law of Arbitration, London 1970
Weissenstein, R. F.	Anglo-amerikanisches Rechtswörterbuch, Tl. I: Englisch-Deutsch, Zürich 1950
Wheatcroft, G. S. A.	Complicated, Inconsistent and Undocumented. A Chancery Master on Chancery Procedure. L. S. G. 1960, pp. 312 seq.
Whitaker, J.	Almanack, 99th annual Vol., London 1967
Williams, R. V./Williams, W. V.	Law and Practice in Bankruptcy, 17th ed. by *Hunter,* M., London 1958; 18th ed. 1968
Wilson, A.	The Supreme Court of Judicature Acts, 1873 and 1875, London 1875
Wrenbury, P. C.	*Buckley* on the Companies Acts, 13th ed. by *Lindon*, J. B., et al., London 1957
Zelter	Zur Großen Justizreform, in: Rpfleger 1950, S. 242 ff.
Ziegenbein, U.	Die Unterscheidung von Real und Personal Actions im Common Law, Berlin usw. 1971
Zitscher, W.	Rechtssoziologische und organisationssoziologische Fragen der Justizreform, Köln 1969

Einleitung

§ 1 Der Stand der Justizreform hinsichtlich der Einführung von unterem Richterpersonal und von Richtergehilfen in der deutschen Gerichtsbarkeit

In den Jahren nach 1900[1], zwischen den Weltkriegen[2], in der Zeit nach 1945[3] bis zur sog. Kleinen Justizreform (die zum Rechtspflegergesetz [RPflG] vom 8. Februar 1957 [BGBl. I S. 18, Ber. S. 44] und vom 5. November 1969 [BGBl. I S. 2065] führte) und schließlich bis zu den neuerlichen Bemühungen um eine Große Justizreform, deren letztes Ergebnis der Referentenentwurf des Ersten Justizreformgesetzes vom Dezember 1971[4] ist, wurde immer wieder die Entlastung des deutschen Richters durch die Einführung von unterem Justizpersonal und von Richtergehilfen gefordert und auch teilweise verwirklicht. Die dabei vorgetragenen Reformvorstellungen lehnten sich häufig an Institutionen der englischen Gerichtsverfassung, insbesondere des High Court of Justice an[5]. Es fällt jedoch auf, daß trotz des Vorliegens umfangreicher und eindringender Untersuchungen der englischen Gerichtsverfassung seit 1910[6] keine Einigkeit über die Funktion des

---

[1] Vgl. *Adicke's* Herrenhausrede v. 30. 3. 1906, veröff. in: DRiZ 1965, S. 258 ff. (263); *ders.*, Grundlinien durchgreifender Justizreform, 1906, S. 120 und die dadurch initiierte Diskussion, insb.: *Gerland*, Die englische Gerichtsverfassung, 1908; *Peters*, Das englische bürgerliche Streitverfahren, 1908; *Schwartz*, Erneuerung deutscher Rechtspflege, 1908, S. 33–68, 147; *Hamm*, Englische Justiz auf deutschem Boden? 1906, S. 1057; *Stein*, Zur Justizreform, S. 34 f., 78; jew. m. w. Nachw.

[2] Vgl. *Gerland*, Englische Rechtsprobleme, 1930, S. 21 f.; *de Boor*, Methode des englischen Rechts, 1934; *Stein*, Reform des Zivilprozesses, 1922; *Hermsen*, Referat auf dem 8. DJT 1929, bespr. in: DRiZ 1929, S. 349 f.

[3] *Mann*, Justizreform, 1965; *ders.*, Bespr. von *Romberg*, Die Richter, 1965, NJW 1965, S. 1660; vgl. auch *Cohn*, Der englische Gerichtstag, 1956, S. 76 f.

[4] Veröff. AnwBl. 1972, S. 3 ff. mit Stellungnahme *Brangsch* S. 1 ff. zum derzeitigen Stand der Reform.

[5] Vgl. z. B. *Bichelmeir*, Hilfsarbeiter, S. 124; *Kern*, Geschichte des Gerichtsverfassungsrechts, S. 135; *Stein*, Reform des Zivilprozesses, S. 58.

[6] Vgl. zum englischen Richterrecht insbesondere: *Gerland*, Englische Gerichtsverfassung, S. 774 ff.; *Reynold*, Justiz, S. 30 ff.; *Loewenstein*, Staatsrecht, Bd. II, S. 36 ff.

englischen unteren Justizpersonals erzielt werden konnte und daher das vergleichend herangezogene Material die Diskussion um die Justizreform einerseits bereichert, andererseits aber auch belastet hat[7].

Auch die Kommission zur Vorbereitung der Reform der Zivilgerichtsbarkeit befürwortet in ihrem 1961 herausgegebenen Bericht[8] unter Hinweis auf den englischen Master die Einführung eines „Richtergehilfen" in der Form, wie er heute als sog. wissenschaftlicher Hilfsarbeiter an den obersten deutschen Gerichten beschäftigt ist[9]. Eine Parallelisierung der wissenschaftlichen Hilfsarbeiter und der Masters des High Court ist jedoch, wie zu zeigen sein wird[10], nicht möglich und führt zu irreführenden Konsequenzen hinsichtlich einer Reform der deutschen Justiz.

Darüber hinaus hat die vom Bundesminister der Justiz berufene Kommission für Gerichtsverfassungsrecht und Rechtspflegerrecht in ihrem Ende Januar 1970 vorgelegten Bericht[11] die folgenden Reformmodelle — angelehnt an ausländische, insbesondere englische Vorbilder — entwickelt:

Die Modelle I und II, denen der Referentenentwurf des Ersten Justizreformgesetzes allerdings im wesentlichen nicht gefolgt ist, gehen von der Notwendigkeit aus, dem Richter der ersten Instanz nicht nur Aufgaben der freiwilligen Gerichtsbarkeit und der Zwangsvollstreckung abzunehmen — was durch das Rechtspflegergesetz vom 5. November 1969 (BGBl. I S. 2065) bereits in erheblichem Umfang geschehen ist —, sondern ihn auch von einfachen Aufgaben der eigentlichen Rechtsprechung, d. h. der streitigen Rechtspflege zu entlasten. Damit gehen sie über die Forderung nach Richtergehilfen hinaus und zielen auf eine Zweigliedrigkeit der Richterschaft ab. Die Befürworter dieser beiden

---

[7] Vgl. etwa die Diskussion über die optimale Richterzahl seit *Adicke's* Rede 1906, DRiZ 65, S. 259; neuerdings auch *Franski*, Justizreformgesetz, S. 81; vgl. auch die Stellungnahme des Anwaltvereins, AnwBl. 67, S. 327 f.

[8] Bericht der Kommission zur Vorbereitung einer Reform der Zivilgerichtsbarkeit, 1961.

[9] AaO S. 98; vgl. auch S. 97: „In mehreren ausländischen Rechten ist der Richtergehilfe in den verschiedensten Ausgestaltungen schon seit langem bekannt. In England gibt es ihn am High Court als 'master' ...".

[10] S. u. § 3 a. E.

[11] Bericht über die Verhandlungsergebnisse der Kommission über Gerichtsverfassungsrecht 1970.

Reformmodelle sind übereinstimmend der Ansicht, daß der Rechtspfleger zur Übernahme von einfacheren oder wenig bedeutsamen Aufgaben der streitigen Rechtspflege geeignet ist, sofern er eine darauf abgestellte erweiterte Ausbildung erhält. In der rechtlichen und technischen Durchführung dieses Reformvorhabens weichen die beiden Modelle voneinander ab:

Das wesentliche Merkmal des Modells I ist der Vorschlag, einfachere oder weniger bedeutsame Aufgaben der streitigen Rechtspflege einschließlich der Strafrechtspflege einem Friedensrichter mit richterlichem Status zu übertragen, der beim Gericht der ersten Instanz neben den akademischen Richter bisheriger Art treten soll. Das Modell I geht in Übereinstimmung mit dem Modell II davon aus, daß der Rechtspfleger nach einer zusätzlichen Ausbildung befähigt ist, diese Aufgaben zu übernehmen. Angesichts der Vielfalt und der unterschiedlichen Aufgaben der ordentlichen Gerichte sei – so die Befürworter des Modells I – die Auffassung überholt, daß alle streitentscheidenden Aufgaben von Richtern gleicher Ausbildung erledigt werden müßten. Vielmehr sollen zwei Arten von Richteramtsbefähigungen eingeführt werden, und zwar die *große Richteramtsbefähigung*, die durch die Ablegung der im Gesetz vorgesehenen juristischen Prüfungen erlangt wird und die zur Wahrnehmung aller richterlichen Aufgaben berechtigt, und die *kleine Richteramtsbefähigung* des Friedensrichters, die nur zur Wahrnehmung von besonders übertragenen Aufgaben ermächtigt. Zum Friedensrichter sollen Rechtspfleger ernannt werden, die sich in mehrjähriger Praxis bewährt und einer zusätzlichen Fachschulausbildung unterzogen haben. Demgegenüber ist das Modell II der Kommission durch eine erhebliche Erweiterung der Zuständigkeiten des Rechtspflegers bisheriger Art gekennzeichnet, Insbesondere soll der Rechtspfleger im Zivilprozeß mit streitentscheidenden Funktionen betraut werden. Diese Maßnahme baut auf einer Reform des Zivilprozesses auf, und zwar sollen alle vermögensrechtlichen Streitigkeiten – mit Ausnahme bestimmter Spezialgebiete – zunächst an den Rechtspfleger als *Vorverfahrensrichter* gelangen. Er hat die Aufgabe, diejenigen Verfahren, die sich ohne kontradiktorische Entscheidung zur Hauptsache erledigen lassen, „herauszufiltern" und vom Richter fernzuhalten. Zu diesem Zweck soll er Versäumnis- und Anerkenntnisbescheide erlassen, Prozeßvergleiche zustande bringen, das Verfahren an ein anderes zuständiges Gericht verweisen können u. a. m. Im übrigen soll er das Verfahren in formeller Hinsicht fördern. Wenn der Rechtspfleger das Verfahren auf diese Weise nicht beenden könne, soll die Sache bei Entscheidungsreife, wenn der Streitwert über DM 500,– liegt, spätestens nach zwei Monaten an den Richter übergehen, sofern die Parteien nicht ausdrücklich die Weiterführung des Verfahrens vor dem Rechtspfleger beantragen. Andererseits können die Parteien durch übereinstimmenden Prozeßantrag jederzeit die sofortige Abgabe der Sache an den Richter bewirken.

In vermögensrechtlichen Streitigkeiten bis zu DM 500,– soll der Rechtspfleger auch eine kontradiktorische Entscheidung (Streitbescheid) sowie dringliche Arreste und einstweilige Verfügungen erlassen können.

Damit dem Rechtspfleger die erwähnten streitentscheidenden Funktionen im Bereich des Zivilprozesses übertragen werden können, schlagen die Befürworter des Modells II eine Ergänzung des Art. 92 GG vor. Auf seine neuen Aufgaben solle der Rechtspfleger durch eine intensivierte und verlängerte Ausbildung vorbereitet werden.

Demgegenüber wenden sich die Befürworter des Modells III der Kommission für Gerichtsverfassungsrecht gegen eine Übertragung streitentscheidender Aufgaben auf den Rechtspfleger. Dieser Ansicht folgen die Verfasser des Entwurfs des Ersten Justizreformgesetzes, und auch die Justizministerkonferenz lehnte es im Mai 1970 ab, den Richterstand zu spalten oder Aufgaben der rechtsprechen Gewalt auf nichtrichterliche Organe zu übertragen[12]. Damit wurde der Friedensrichterlösung sowie jeder Vorschaltstufe und dem vom Richterbund entwickelten Rechtsamt eine Absage erteilt.

Der Entwurf eines Ersten Justizreformgesetzes vom Dezember 1971 enthält zur Reform des Justizpersonals nur den Art. 1 § 42:

> „Bei den Gerichten und Staatsanwaltschaften sind Rechtspfleger tätig. Aufgaben und Stellung der Rechtspfleger bestimmen sich nach dem Rechtspflegergesetz.“

---

[12] Vgl. *Franski*, Erstes Justizreformgesetz, S. 81.

Zur Begründung wird ausgeführt[13]:

„Die Vorschrift soll verdeutlichen, daß Aufgaben und Stellung des Rechtspflegers durch den Entwurf nicht berührt werden. Darüberhinaus besagt die Vorschrift, daß der Rechtspfleger nur beim Gericht oder bei der Staatsanwaltschaft tätig ist, daß also eine Übertragung des Geschäftsbereichs der Rechtspfleger auf organisatorisch selbständige, den Gerichten vorgeschaltete Stelle nicht vorgesehen ist."

Offensichtlich wird damit die Einführung von Rechtsämtern und Friedensrichtern abgelehnt. Dieser Entscheidung entspricht auch die Zielsetzung der sog. Beschleunigungsnovelle (Entwurf eines Gesetzes zur Änderung der Zivilprozeßordnung)[14], mit der nur eine Straffung des Zivilprozesses in seiner jetzigen Form, jedoch keine gerichtsorganisatorischen Änderungen beabsichtigt sind.

Die Modelle eines *unteren Richterpersonals* als Friedensrichter oder Rechtspfleger mit Rechtsprechungskompetenzen haben, wie noch zu zeigen sein wird, deutliche Entsprechungen in der englischen Gerichtsverfassung, deren Art und Umfang[15] in der vorliegenden Untersuchung im einzelnen dargestellt werden soll.

Für den Referentenentwurf eines Ersten Justizreformgesetzes[16] stellt sich die Frage des *Richtergehilfen* nur als Problem der Einarbeitungszeit in die richterlichen Aufgaben. Der Entwurf sieht insoweit vor, daß Richter auf Probe erst 2 Jahre nach ihrer Ernennung als Zivilrichter, Strafrichter oder Vorsitzender eines Schöffengerichts verwendet werden können. Neben einer Tätigkeit als Beisitzer in den (nach Einführung eines dreigliedrigen Gerichtsaufbaus nur noch wenigen) kollegialen Spruchkörpern der Landgerichte wird außerdem eine Tätigkeit als Beisitzer bei den Senaten des Oberlandesgerichts zugelassen, ohne daß die Gestaltung der Richterausbildung im einzelnen im Entwurf ausgeführt wird. Richtergehilfen finden jedoch als sog. wissenschaftliche Hilfsarbeiter an den obersten deutschen Gerichten in großem

---

[13] AaO S. 58.

[14] BT-Drucks. VI/790; vgl. *Arens*, Mündlichkeitsprinzip, S. 35 f.; *Deubner*, ZZP 82, S. 257.

[15] S. u. für den High Court §§ 3, 6 (Master); 4, 5, 7, 9 (Registrars).

[16] Vgl. *Schier-Eckl*, Referentenentwurf, NJW 1972, S. 177 ff.

Umfang bereits nach jetziger Praxis Verwendung[17], ohne daß eine gesetzliche Grundlage hierfür vorhanden wäre.

In Anbetracht dieser Reformsituation erscheint es zweckmäßig, das Recht und die Funktion des unteren Richterpersonals und der Richtergehilfen am englischen High Court umfassend zu untersuchen und damit die Grundlagen der genannten Reformforderungen darzustellen. Hierbei ist es zum Verständnis der hierarchischen Gliederung des englischen Richterpersonals und der verschiedenen Delegationsformen gerichtlicher Aufgaben unumgänglich, die Stellung des High Court in der englischen Gerichtsverfassung zu umreißen und die Struktur des Richterpersonals an diesem Gericht einführend darzustellen.

§ 2 Der High Court of Justice und sein Richterpersonal

I. Der High Court of Justice[18] bildet zusammen mit den Crown Courts[19] und dem Court of Appeal[20] den Supreme Court of Judicature in England, der ein Zentralgericht für England und Wales darstellt. Der High Court ist sowohl erstinstanzliches Gericht als auch Rechtsmittelgericht für verschiedene Untergerichte. Er wurde mit Inkrafttreten des Courts Act, 1971, und der gleichzeitigen Abschaffung der Assisengerichte ein reines Zivilgericht. Die Streitwertgrenze gegenüber den County Courts in Queen's Bench- und Chancery-Verfahren liegt z. Z. bei £ 500 und in Probate-Verfahren bei einem Nachlaßwert von £ 1000[21]. Der High Court ist die Zusammenfassung der historischen englischen

[17] Vgl. die umfassende Darstellung bei *Bichelmeir*, Hilfsarbeiter; in seinem rechtsvergleichenden Exkurs (vgl. S. 122 ff.) wird die Stellung des Master allerdings recht einseitig gesehen; vgl. auch *Rademacher*, Hilfsarbeiter, DRiZ 1959, S. 271.

[18] Zur Bezeichnung vgl. Supreme Court Act, 1925, s. 1; zur Zitierweise vgl. die Vorbemerkung zum Gesetzesverzeichnis.

[19] Courts Act, 1971, s. 1. Den Zeitpunkt des Inkrafttretens für dieses Gesetz setzt der Lord Chancellor fest (s. 59 [2]). Der vorliegenden Untersuchung ist der Rechtszustand nach Inkrafttreten des Courts Act, 1971, zugrundegelegt.

[20] Vereinigt mit dem Court of Criminal Appeal, vgl. Criminal Appeal Act, 1966, s. 1 (2).

[21] County Courts Act, 1959, ss. 39, 62; County Courts Jurisdiction Order, 1965.

Obergerichte[22], deren Namen noch in den Bezeichnungen der drei Hauptabteilungen Queen's Bench Division, Chancery Division und der früheren Probate, Divorce and Admiralty Division fortleben. Die bisherige Gliederung des High Court wurde mit Wirkung vom 1. Oktober 1971[23] geändert, indem die bisherige Probate, Divorce and Admiralty Division in Family Division umbenannt wurde. Bei dieser Reform sind die Seesachen (Admiralty-Verfahren) der Queen's Bench Division übertragen worden (einschließlich der Prisengerichtsbarkeit[24]). Die Probate-Angelegenheiten (gerichtliche Bestätigung von Testamenten) sind teilweise der Chancery Division übertragen, teilweise bei der Family Division belassen worden, und zwar hat die Chancery Division die streitigen Probate-Verfahren erhalten[25].

Im übrigen gilt die folgende Zuständigkeitsverteilung für die drei Hauptabteilungen[25a] des High Court:

1. Die *Queen's Bench Division* ist für alle Verfahren zuständig, bei denen als materielles Recht Common Law zur Anwendung kommt und für die nicht die ausschließliche Zuständigkeit einer der beiden anderen Hauptabteilungen besteht[26]. Kraft neuerer gesetzlicher Zuweisung ist diese Hauptabteilung auch für luftfahrtrechtliche Angelegenheiten zuständig[27].

---

[22] Zur Geschichte des Supreme Court vgl. *Gerland*, Die englische Gerichtsverfassung, S. 297 ff.; zur Gründung des Supreme Court vgl. *Wilson*, Supreme Court of Judicature Acts, 1873 and 1875; *Loewenstein*, Staatsrecht, Bd. II, S. 32 f.

[23] Administration of Justice Act, 1970, s. 1 (zur Frage des Inkrafttretens vgl. S. I 1971 No. 1269); eine Reform, die seit 1933 geplant wurde, vgl. 2nd Interne Report of the Business of the Courts Committee 1933, Cmd. 4471, p. 5 et seq.

[24] Administration of Justice Act, 1970, s. 1 (3).

[25] Ibid., s. 1 (4).

[25a] Für die englische Bezeichnung Division wurde der Begriff Hauptabteilung im Gegensatz zum department als Abteilung gewählt.
Die Divisions des High Court als Gericht im staatsrechtlichen Sinn sind keine Gerichte im prozessualen Sinn, da sie eine Zusammenfassung verschiedener, nach Bedarf eingesetzter Rechtsprechungskörper darstellen. Für die Spruchkörper selbst wird am High Court die Bezeichnung Court verwandt.

[26] Supreme Court Act, 1925, s. 56.

[27] Administration of Justice Act, 1970, s. 1; Supreme Court Act, 1925, s. 22; Administration of Justice Act, 1956, s. 1 (j) – (e) Civil Aviation Act, 1949, s. 62 (2).

2. Die *Chancery Division* ist für Verfahren zuständig, bei denen als materielles Recht in der Hauptsache Equity-Recht angewandt wird. Dies sind u. a. Angelegenheiten hinsichtlich von Trusts, insbesondere deren Verwaltung, der Ernennung von Kuratoren von Trusts und die Vornahme von bestimmten Rechtshandlungen für den Kurator. Chancery-Sachen sind außerdem besondere Klagen auf Vertragserfüllung (specific performance) und Klagen hinsichtlich von Handelsgesellschaften. Die Finanzgerichtsbarkeit[28], die Konkursgerichtsbarkeit für London[29] und die Patentgerichtsbarkeit[30] sind ebenfalls ausdrücklich dieser Division des High Court zugewiesen. Die Chancery Division ist schließlich noch für streitige Nachlaßsachen[31] zuständig und übt die Aufsicht über Stiftungen aus. Diesem Katalog[32] der (ausschließlichen) Chancery-Angelegenheiten läßt sich aufgrund seiner historischen Herkunft aus dem Equity-Recht kein allgemeines Prinzip entnehmen, insbesondere sind die Chancery-Angelegenheiten nicht mit Angelegenheiten der freiwilligen Gerichtsbarkeit im materiellen Sinn identisch[33]. Daneben besteht eine umfangreiche konkurrierende Zuständigkeit gegenüber der Queen's Bench Division.

3. Die *Family-Division*[34] als Familien-Gericht des High Court ist für alle Ehesachen, insbesondere für Scheidungsverfahren und Ehenichtigkeitsklagen zuständig. Bis 1967 war der High Court in Ehesachen für England und Wales ausschließlich zuständig, aber seither sind auch die Divorce County Courts für nichtstreitige Ehesachen sachlich zuständig. Außerdem umfaßt die Zuständigkeit dieser Division Unterhaltsprozesse, vormundschaftsgerichtliche Angelegenheiten, Ehelichkeitserklärungen und verschiedenes mehr.

---

[28] Vgl. *Jacob*, Supreme Court Practice, Ord. 90/1—8/2; R. S. C. Ord. 90, r. 1.
[29] Vgl. *Cruchley*, Bankruptcy Law and Practice, p. 180.
[30] Vgl. *Heward*, Chancery Practice, p. 1.
[31] Administration of Justice Act, 1970, s. 1.
[32] Vgl. *Vollkommer*, Richter und Gerichte, S. 183. Zu den Aufgaben der Chancery Division in Vormundschaftssachen vgl. *Abderhalden*, Vormund und Mündel, S. 85 (teilweise veraltet).
[33] Vgl. *Vollkommer*, aaO S. 183 Anm. 103, vgl. auch *ders.*, Begriff, §§ 11—14.
[34] Administration of Justice Act, 1970, sch. I; zur Zuständigkeit des County Courts vgl. Matrimonial Causes Act, 1967, s. 1.

II. Das Richterpersonal, also das streitentscheidende Justizpersonal des High Court gliedert sich in die Gruppe der Judges und das sonstige Richterpersonal. Die Judges, die die eigentlichen Richter im Sinne des englischen Verfassungsrechts sind[35], sollen im Zusammenhang dieser Untersuchungen als die oberen Richter im Gegensatz zum unteren Richterpersonal mit dem Status eines Gerichtsbeamten (officer of the court) verstanden werden.

Das untere Richterpersonal am High Court gliedert sich, wie noch zu zeigen sein wird, in Unterrichter, Richterstellvertreter und in Richterkommissare mit zeitlich oder sachlich beschränkter 'commission' (Rechtsprechungsauftrag).

Das nichtstreitentscheidende Justizpersonal wird in der vorliegenden Untersuchung als Richtergehilfen bezeichnet, wobei wegen der Unterschiedlichkeit der englischen und der deutschen Justizverfassung keine Unterscheidung in reines Geschäftsstellenpersonal einerseits und „Rechtspfleger", „Hilfsarbeiter" oder ähnliches andererseits versucht wird. Auch konnte wegen der Vielzahl der Ämter des nichtstreitentscheidenden Justizpersonals am High Court das einfache Geschäftsstellenpersonal (die clerks) im wesentlichen nicht untersucht werden. Dies liegt auch nicht in der Absicht der vorliegenden Darstellung, die unter dem Blickwinkel der Einführung von unterem Richterpersonal und von (juristisch ausgebildeten) Richtergehilfen in das deutsche Gerichtssystem erfolgt. Der Begriff des Richtergehilfen ist allerdings für den englischen Prozeß nicht gebräuchlich und für das deutsche Verständnis mehrdeutig, da es um sehr verschiedene Hilfsfunktionen geht: einmal entlastet das untere Richterpersonal am High Court durch seine Stellung als Vorverfahrensrichter die Judges – und ist insoweit Richtergehilfe –, und andererseits stehen den Judges auch echte Richtergehilfen (etwa im Sinne der wissenschaftlichen Hilfsarbeiter an deutschen oberen Gerichten oder als Richterassistenten) zur Verfügung.

Soweit der Ausdruck Richterkommissare verwandt wird, handelt es sich weder um beauftragte Richter noch um Richter kraft Auf-

---

[35] Vgl. *Loewenstein*, Staatsrecht Bd. II, S. 6 f.

trags, denn die Richterkommissare erledigen nicht als Mitglied eines Kollegiums einen von diesem Kollegium erteilten Auftrag und sind auch nicht (entsprechend § 14 Deutsches Richtergesetz) Beamte, die in den Richterberuf überzuwechseln beabsichtigen. Unter einem Richterkommissar soll vielmehr der in der englischen Gerichtsverfassung nicht seltene Status verstanden werden, wonach die Richterstellung durch eine bestimmte 'commission', einen Rechtsprechungsauftrag begründet wird[36]. Die englische Krone als Gerichtsherr kann durch Richterkommissare alle Zuständigkeiten des High Court wahrnehmen lassen[37], und u. a. zur Überwindung von Engpässen ist davon nicht selten Gebrauch gemacht worden. Der Rechtsprechungsauftrag kann sachlich umfassend sein, er kann sich aber auch auf einzelne Aufgaben erstrecken (general oder special commission). Teilweise handelt es sich bei dieser Institution um als Hilfsrichter[38] fungierende Anwälte (Barristers), zum Teil aber auch um ersuchte Richter anderer Gerichte, etwa der County Courts.

[36] S. u. § 13 f. Auch das System der Assisengerichte beruhte auf einer solchen commission, vgl. Supreme Court Act, 1925, s. 70; *Gerland*, Englische Gerichtsverfassung, S. 494 ff. Zur Abschaffung der Assisengerichte vgl. Courts Act, 1971, s. 1 (2), und *Lewinski*, England als Erzieher? 1907, S. 42 mit etwas übereilter Kritik: „völlig veraltete Einrichtung".

[37] Supreme Court Act, 1925, s. 70 (1).

[38] Vgl. *Reynold*, Justiz, S. 34 f.

I. Teil: Das untere Richterpersonal der Queen's Bench Division

§ 3 Die Masters

I. Amt und Ernennung

Die acht[39] Masters der Queen's Bench Division[40] führen den Titel Master of the Supreme Court[41]. Sie sind sog. officers of the court, also Gerichtsbeamte und keine Richter im staatsrechtlichen Sinn, werden aber wie die Judges vom Lord Chancellor ernannt[42]. Qualifiziert für dieses Amt sind Barristers, die mindestens 10 Jahre als Anwalt praktiziert haben[43].

Die Masters haben ihr Amt 'during good behavior', also wie die Judges auf Lebenszeit[44]. Das Gesetz sieht ausdrücklich ein Absetzungsverfahren vor, für das der Lord Chancellor zuständig ist[45], und zwar kann ein Master wegen 'misbehavior', also Amtspflichtverletzung, und wegen Amtsunfähigkeit (inability to perform the duties of the office) entlassen werden. Der rechtliche

---

[39] Vgl. *Halsbury*, Laws, 3rd ed. Vol. 9 p. 425 (No. 979).

[40] Zum Amt des Master am High Court vgl. *Koellreutter*, Richter und Master (in den Einzelheiten veraltet, grundlegend jedoch die Einsicht, daß es sich hier um Richter handelt, vgl. S. 20); *Diamond*, Queen's Bench Master, 76 L. Q. R. 504 (1960).

[41] Vgl. die Rules of the Supreme Court, 1965, Ord. 1, r. 4 (1). Diese Rules stellen als Prozeßordnung des High Court eine Rechtsverordnung dar (vgl. S. S. *Hontestrom* v. S. S. Sagaporack, [1927] A. C. 37, 47); zum Verfahren bei Verstößen gegen Rules vgl. R. S. C. Ord. 2, r. 1. Ungenau *Cohn*, Beweisaufnahme, S. 233, der die Rules deswegen als „kein Gesetz" (gemeint im formellen Sinn) bezeichnet, weil sie von einem Juristenausschuß erlassen würden. Es handelt sich hier um delegierte Gesetzgebungsbefugnis.

[42] Courts Act, 1971, s. 26 (1) (a) nach Inkrafttreten; bis dahin waren der Lord Chancellor, der Lord Chief Justice und der Master of the Rolls abwechselnd zuständig, Supreme Court Act, 1925, s. 106.

[43] Supreme Court Act, s. 126 (1) sch. IV. Nach *Kayser*, Auswahl der Richter, S. 105, sind sie im Durchschnitt vor ihrer Ernenung 26 Jahre Barrister gewesen.

[44] Supreme Court Act, 1925, s. 115 (1), s. 127 (1), sch. III. Pt. I.

[45] Ibid., s. 115 (1).

Schutz der persönlichen Unabhängigkeit des Masters ist schwächer als bei den Judges[46] ausgestaltet. Die Masters beziehen Gehalt und sind pensionsberechtigt[47]. Eine Beförderung zum Judge kommt nicht vor.

II. Zuständigkeit

Die Masters haben drei selbständige Aufgabenbereiche: sie leiten das Central Office[48], die Gesamtgeschäftsstelle des Supreme Court, sie sind untere Richter in Zivilsachen und sie sind das Vollstreckungsgericht ihrer Division.

1. Präsident des Central Office ist der Lord Chancellor, der die Einteilung in Abteilungen (departments) vornimmt und Richtlinien für die Geschäftsverteilung erläßt[49]. Im übrigen ist die Leitung des Central Office kollektiv den Masters übertragen[50], die sie durch den Erlaß von Verfahrensrichtlinien (Masters' Practice Directions[51]) ausüben. Außerdem stellen sie im Rotationssystem den sog. Practice Master, der den allgemeinen Geschäftsstellenbetrieb überwacht und Einzelweisungen an das Geschäftsstellenpersonal erteilen kann[52]. Außerdem ist er Beschwerde-Instanz bei anhängigen Verfahren hinsichtlich prozeßrechtlicher Streitigkeiten, allerdings nur im Vorverfahren (interlocutory proceedings) bis zur Hauptverhandlung. Die beschwerdeführende Partei muß bei einer Einzelfrage des Verfahrensrechts zunächst die Entscheidung des Chief Clerk des betreffenden department einholen. Wird der Beschwerde nicht abgeholfen, so kann sie sich an

---

[46] Vgl. Supreme Court Act, 1925, s. 12 (1). S. auch *Honegger*, Amtsentsetzung, S. 56; *Streifthau*, Souveränität, S. 17 f. (18). Zum Absetzungsverfahren bei einem Judge vgl. *Halsbury*, Laws, 3rd ed. Vol. 7 p. 341 et seq.

[47] Supreme Court Act, 1925, s. 118. Zur Höhe der Gehälter vgl. *Whitaker*, Almanack, 99th ann. vol. 'Law Courts and Offices'.

[48] Zum Central Office vgl. R. S. C. Ord. 63; *Halsbury*, Laws, 3rd ed. Vol. 9 p. 423 et seq. Das C. O. wurde errichtet durch das Supreme Court (Officers) Act, 1879, s. 4.

[49] R. S. C. Ord. 63, r. 1.

[50] Supreme Court Act, 1925, s. 104.

[51] Vgl. Masters' Practice Directions, Tables and Forms, 1966, die allerdings keine Rechtsverordnungen sind, vgl. Hume v. Somerton (1890), 25 Q. B. D. 243.

[52] R. S. C. Ord. 63, r. 2.

den Practice Master wenden, dessen Entscheidung unanfechtbar ist[53].

Die 5 Abteilungen des Central Office[54] sind das Masters' Secretary's and Queen's Remembrancer's Department, Action Department, Filing Department, Crown Office and Associates' Department und das Supreme Court Taxing Office.

Das Master's Secretary's Department ist die allgemeine Geschäftsstelle der Queen's Bench Masters. Hier erfolgen insbesondere die Zuweisungen von Verfahren an die einzelnen Masters zur Durchführung einer Hauptverhandlung[55]. Diese Abteilung der Gesamtgeschäftsstelle, der der Senior Master als ranghöchster Master vorsteht (der verschiedene Ämter in Personalunion verbindet[56]), ist u. a. für Fragen des internationalen Prozeßrechts zuständig, z. B. für Zustellung und Vollstreckung im Ausland oder auf Ersuchen eines ausländischen Gerichts[57]. Von dieser Abteilung aus erfolgt außerdem die Leitung des Central Office hinsichtlich der allgemeinen Justizverwaltung. Sie hat eine Unterabteilung, das Queen's Remembrancer's Department, die der Senior Master leitet[58] und die in beschränktem Umfang für die Eintreibung von Geldstrafen und Vollstreckung gerichtlicher Schuldanerkenntnisse (recognisance) zuständig ist[59].

Das Action Department[60] ist die im eigentlichen Sinn für die formelle Klageerhebung (issue of writs und originating summonses) zuständige Abteilung des Central Office. Hier werden alle Klageerhebungen, Ladungen und Urteile amtlich registriert[61] und damit erlassen (issue, entry). Außerdem werden hier die im Vorverfah-

---

[53] Vgl. *Gerland*, Englische Gerichtsverfassung, S. 434.
[54] Vgl. *Jacob*, Supreme Court Practice, Ord. 63/1/2.
[55] *Jacob*, op. cit., Ord. 63/1/2.
[56] Supreme Court Act, 1925, s. 122. Zum Amt des Queen's Remembrancer vgl. *Gerland*, Englische Gerichtsverfassung, S. 438.
[57] R. S. C. Ord. 39, rr. 2 und 3; vgl. *Halsbury*, Laws, Vol. 9 p. 428; *Cohn*, Beweisaufnahme, S. 232; *Bülow-Arnold*, Internationaler Rechtsverkehr, S. 933-25.
[58] Supreme Court of Judicature Act, 1925, s. 122.
[59] Vgl. *Jacob*, Supreme Court Practice, Ord. 63/1/3.
[60] Zur Organisation des Action Department vgl. *Jacob* op. cit., Practice Direction 1st April 1968, 1 W. L. R. 654.
[61] Zur Urteilseintragung vgl. *Curti*, Englands Zivilprozeß, S. 106.

ren (in chambers) ergangenen gerichtlichen Verfügungen abgesetzt.

Das Filing Department[62] als Nachfolger des früheren Filing and Record Department ist für das sog. filing gerichtlicher Dokumente zuständig, d. h. für ihre amtliche Registrierung und Aufbewahrung. Dies gilt insbesondere für Protokolle über eidliche gerichtliche Aussagen (affidavids), Prozeßvergleiche, vollstreckbare Urkunden, Prozeßvollmachten u. ä. Die eigentlichen Schreibarbeiten, insbesondere die Vervielfältigung von Dokumenten, erfolgen nicht im Filing Department, sondern in einer vom Central Office unabhängigen Kanzlei, dem Scrivenery Department[63].

Das Crown Office and Associates' Department wird vom Queen's Coroner and Attorney and Master of the Crown Office geleitet, der kraft dieses Amtes Queen's Bench Master ist[64]. Als Crown Office ist diese Abteilung für die Vorbereitung von Rechtsmittelverfahren bzw. Rechtsaufsichtsverfahren hinsichtlich von Unter- und Sondergerichten (tribunals)[65] zuständig. Der Clerk of the Lists im Crown Office nimmt außerdem die Geschäftsverteilung auf die Judges am Supreme Court vor[66].

Im Associates' Department werden die Hauptverhandlungen in ihrem äußeren Ablauf vorbereitet; insbesondere stellt diese Abteilung die Richtergehilfen für den Sitzungsdienst[67]. Im Taxing Office schließlich werden die Kostenfestsetzungsverfahren der Queen's Bench und der Chancery Division durch besondere Taxing Officers, insbesondere die Taxing Masters durchgeführt[68].

2. Als untere Richter in Zivilsachen leiten die Masters das Vorverfahren (interlocutory proceedings), können aber aufgrund Parteivereinbarung auch Hauptverhandlungen durchführen. Das

---

[62] Vgl. *Gerland*, Englische Gerichtsverfassung, S. 434.
[63] Vgl. *Jacob*, Supreme Court Practice 1967, Ord. 63/1/2 (n); vgl. *Gerland*, Englische Gerichtsverfassung, S. 440 f.
[64] Supreme Court Act, 1925, s. 106 (2).
[65] Vgl. *Halsbury*, 3rd ed. Vol. 9 p. 429; *Romberg* aaO S. 192 ff. Zum Master des Crown Office vgl. Supreme Court of Judicature Act, 1925, s. 106 (2).
[66] *Jacob*, op. cit., Ord. 63/1/2 und Ord. 34/4 (n).
[67] S. u. § 17.
[68] S. u. § 14.

Vorverfahren ist das nichtöffentliche Verfahren 'in chambers', das mit der Klageerhebung beginnt und, sofern es zu einer (grundsätzlich streitigen) Hauptverhandlung kommt, mit deren Anordnung endet. Der Ausdruck 'in chambers' wird einerseits für einen Verfahrensabschnitt, andererseits aber auch für eine Verfahrensart (selbst im gleichen Verfahrensabschnitt) verwandt, z. B. wenn der Judge zwischen 'in chambers' und 'in court' wählen kann (Verfahrensart)[69], oder wenn das Verfahren vom Master in chambers zum Master in court (Verfahrensabschnitt) fortschreitet. Das Chambers-Verfahren ist nicht zu verwechseln mit einem 'trial in camera' oder 'trial in private', also einer nichtöffentlichen Hauptverhandlung[70].

Während ein Master das Vorverfahren leitet, ist Richter der Hauptverhandlung regelmäßig ein Judge. Bestimmte Angelegenheiten des Vorverfahrens sind aber den Judges vorbehalten[71], während andererseits die Parteien die Zuständigkeit eines Master zur Durchführung der Hauptverhandlung prorogieren können[72], der dann im Masters' Secretarys' Department nach dem Rotationssystem bestimmt wird.

Ausdrücklich den Judges[73] vorbehalten sind alle Angelegenheiten, die die persönliche Freiheit einer Person betreffen, also z. B. Schuldnerarreste[74], und alle Strafverfahren[75]. Außerdem dürfen

---

[69] Vgl. Atwell v. Ministry of Public Building and Works, (1969) 1. W. L. R. 361, p. 1075: 'The appeal was heard in chambers and judgement was delivered in open court'.

[70] Vgl. *Jackson*, Machinery of Justice, p. 21 et seq. (in camera = in private); zur nichtöffentlichen Hauptverhandlung in Ehesachen vgl. Matrimonial Causes Act, 1965, s. 43 (3).

[71] Der Judge führt dann als Gerichtsorgan die Bezeichnung 'judge in chambers'. Er kann innerhalb des Vorverfahrens auch eine öffentliche Verhandlung (hearing in court) anordnen, vgl. R. S. C. Ord. 32, r. 13.

[72] R. S. C. Ord. 36, r. 9 (1) und r. 1; *Cohn*, Englischer Gerichtstag, S. 18 übersetzt trial mit „Gerichtstag"; *Reynold*, Justiz, S. 104 ff. spricht von mündlicher Verhandlung. M. E. sind die Bezeichnung Hauptverhandlung für trial und mündliche Verhandlung für hearing angemessen, um dem geltenden deutschen Prozeßrecht unter Wahrung der wesentlichen Unterschiede möglichst nahe zu kommen.

[73] R. S. C. Ord. 32, r. 11 (1).

[74] Ibid., r. 11 (1) (b); Ord. 52, r. 1 (3).

[75] R. S. C. Ord. 32, r. 11 (1) (a); Ord. 79, r. 10 (2).

die Masters keine auf Unterlassung gerichteten richterlichen Verbote, sog. injunctions erlassen[76]; dies gilt jedoch nicht, wenn die Parteien die Zuständigkeit eines Master vereinbaren[77], in bestimmten güterrechtlichen Streitigkeiten zwischen den Ehegatten[78] und bei Zwangsvollstreckungsverfahren (enforcement of judgements and orders) in Grundstücke und Forderungen[79]. Außerdem darf der Master im Zusammenhang mit der Ernennung eines Sequesters (receiver) bestimmte injunctions erlassen[80].

Den Judges sind auch alle Verfahren vorbehalten, für die ein Divisional Court des High Court zuständig ist[81], also insbesondere mandamus-, prohibition- und certiorari-Verfahren[82]. Divisional Courts sind innerhalb des High Court gebildete Kollegialgerichte, die mit zwei oder mehr, in der Regel mit drei Judges besetzt sind[83] und die eine Rechtsmittelinstanz insbesondere für die Friedensrichter und in verwaltungsrechtlichen Prozessen bilden[84].

Schließlich kann auf Antrag des Attorney-General (Kronanwalt[85]) der High Court wegen böswilliger oder mutwilliger Klagen einem Querulanten das Prozessieren ganz untersagen. Will der Betreffende erneut Klage erheben, muß er einen besonderen Antrag an

---

[76] R. S. C. Ord. 32, r. 11 (1) (d). Zu den injunctions, insbesondere ihrer Geschichte vgl. *Schuster*, Rechtspflege in England, S. 12, 133 ff.; vgl. auch Lumley v. Wagner (1852), 1 De G. M. & G. 604.

[77] R. S. C. Ord. 32, r. 11 (2); diese Prorogationsmöglichkeit ist neu, vgl. R. S. C. Explanatory Note p. 448 (II).

[78] R. S. C. Ord. 89, r. 1 (3) und (2).

[79] Ibid., Ord. 50, r. 9; rr. 1, 2, 8; Administration of Justice Act, 1956, s. 35.

[80] R. S. C. Ord. 51, r. 2.

[81] R. S. C. Ord. 32, r. 11 (1) (h); Ord. 53.

[82] Auf diese besonderen Rechtsmittelverfahren bzw. Rechtsaufsichtsverfahren kann hier nicht eingegangen werden, vgl. *Jackson*, Machinery of Justice, 4th ed. p. 394 et seq. 5th ed. p. 428 et seq. und in engem Anschluß an ihn *Romberg*, Richter, S. 192 f.; *Henkel*, England, S. 58 f.

[83] Vgl. *Halsbury*, Laws, 3rd ed. Vol. 9 p. 403; Report of the Committee on Supreme Court Practice and Procedure 1953, para. 506; Willcock v. Muckle, (1951) 2 K. B. 844 (D. C.), (1951) 2 All. E. R. 367 (D. C.), bei dem 7 Judges, darunter der Lord Chief Justice und der Master of the Rolls, entschieden haben.

[84] R. S. C. Ord. 56, r. 1 (1) (Quarter Sessions); Ord. 56, r. 5 (1) (Magistrates Courts); Ord. 56, r. 5 (1) (Magistrates Court); Ord. 56, r. 7 (1) (administrative tribunals).

[85] Vgl. *Romberg*, Richter, S. 154; *Halsbury*, Laws, 3rd ed. Vol. 7 p. 380 et seq.

das Gericht stellen, über den ebenfalls nur ein Judge entscheiden kann[86].

Ausdrücklich den Masters zugewiesen sind bestimmte güterrechtliche Streitigkeiten[87], insbesondere die Verteilung des Mobiliars der Ehewohnung nach Auflösung der Ehe, da sie häufig langwierige Punktesachen darstellen, mit denen man die Judges nicht belasten will.

Außerdem führt bei Klagen auf Schadensersatz regelmäßig, nachdem ein Grundurteil über das Bestehen der Pflicht zum Schadensersatz ergangen ist, der Master das Festsetzungsverfahren hinsichtlich der Höhe des Schadensersatzes durch[88]. Das Grundurteil kann aber auch die Zuständigkeit eines Judge oder eines Official oder Special Referee für das Festsetzungsverfahren vorsehen[89]. Ausdrücklich festgelegt ist auch die Zuständigkeit des Master zur Überprüfung von Anwaltsvollmachten[90].

Der Master als Richter des Vorverfahrens[91] kann, wenn er es wegen der besonderen Bedeutung des Falles für erforderlich hält, die Sache an einen Judge verweisen[92], der dann selbst entscheidet oder mit Weisungen zurückverweist. Ein bei einem Master anhängiges Verfahren kann von ihm selbst[93] oder vom Senior Master[94] an einen anderen, an sich nicht zuständigen Master nach freiem Ermessen verwiesen werden; auch ist jeder Master für

---

[86] Supreme Court Act, 1925, s. 51; R. S. C. Ord. 32, r. 11 (1) (g).

[87] R. S. C. Ord. 89, r. 1 (2); Married Women's Property Act, 1882, s. 17. Siehe auch *Reynold*, Justiz, S. 36.

[88] R. S. C. Ord. 37, r. 1 (1); vgl. *Reynold*, Justiz, S. 36 für den Fall, daß über den Grund durch Versäumnisurteil entschieden wurde.

[89] R. S. C. Ord. 37, r. 4; s. u. §§ 11, 12.

[90] R. S. C. Ord. 63, r. 7 (c); Ord. 63, r. 6 (1).

[91] Vgl. auch hinsichtlich der Gliederung in Vorverfahren und Hauptverhandlung *Güldener*, Schweizerisches Zivilprozeßrecht, S. 19: „Ein einzigartiges Zusammenwirken zwischen Einzelrichter und Kantonsgericht sieht Wallis vor: soweit die Ausfällung des Urteils in erster Instanz dem Kantonsgericht obliegt, ist die Durchführung der Prozeßinstruktion dem Einzelrichter übertragen, der dem Kantonsgericht nicht angehört und seinerseits erste Instanz für die Beurteilung minderwichtiger Prozesse ist. An das Kantonsgericht gehen die Akten erst, wenn der Einzelrichter den Prozeß als spruchreif betrachtet."

[92] R. S. C. Ord. 32, r. 12.

[93] R. S. C. Ord. 4, r. 9 (1).

[94] R. S. C. Ord. 4, r. 7; vgl. *Henkel*, England, S. 38.

jeden anderen vertretungsberechtigt, darf also im Bedarfsfall dessen jurisdiction ausüben[95].

Der Master leitet als Richter des Vorverfahrens den streng formalisierten Schriftsatzwechsel (pleadings), der in jedem Stadium des Verfahrens eine genaue Schlüssigkeits- und Erheblichkeitsprüfung erlaubt. Alle nichtstreitigen Verfahren werden durch den Master beendet; außerdem erläßt er alle Entscheidungen aufgrund Versäumnis der Parteien, wobei die Versäumnis Terminsversäumnis oder Einlassungsversäumnis sein kann[96].

Sobald der Prozeß entscheidungsreif und die Anberaumung einer Hauptverhandlung erforderlich ist, bestimmt der Master den Ort und Gegenstand[97] und entscheidet über die Einberufung oder Nichteinberufung einer Jury. Diese Entscheidung ergeht durch einen formellen Beschluß, der dem prozeßgestaltenden Haupttermin des Vorverfahrens, dem 'summons for directions' folgt und der durch ein formelles Rechtsmittel (appeal) zum judge in chambers[98] anfechtbar ist. Dessen Ermessen ersetzt gegebenenfalls das des Master[99]. Für die eigentliche Vorbereitung der Hauptverhandlung in ihrem technischen Ablauf ist ein anderer Gerichtsbeamter zuständig; dem Vorverfahren folgt also ein Zwischenstadium[99a], das der Vorbereitung der Hauptverhandlung dient[100].

Führt ein Master mit Zustimmung der Parteien die Hauptverhandlung durch, so gelten für ihn die gleichen Verfahrensvorschriften

---

[95] R. S. C. Ord. 4, r. 9 (1); vgl. *Henkel* aaO über das Problem des gesetzlichen Richters.

[96] R. S. C. Ord. 19 (default of pleadings); Ord. 13 (default of appearance). Zum Schriftsatzwechsel vgl. *Cohn*, Lehre vom Schriftsatz, S. 324 ff.

[97] R. S. C. Ord. 33, r. 1 ('the Court', also regelmäßig der Master, Ord. 1, r. 4 [2]).

[98] R. S. C. Ord. 58, r. 1 (1).

[99] Vgl. Christen v. Goodacre, (1949) W. N. 234; Hope v. G. W. R., (1937) 53 T. L. R. 399 zur Überprüfung der Ermessentscheidung des Master, ob eine Jury zuzuziehen ist.

[99a] Es besteht aus zwei Vorgängen: dem rein technischen "setting down", für das der Chief Clerk zuständig ist, und der Tätigkeit der Associates, s. u. § 17.

[100] R. S. C. Ord. 34, r. 3 (5) und (1). Der englische Zivilprozeß ist daher in die drei Stadien Vorverfahren, Zwischenstadium und Hauptverhandlung gegliedert.

wie für den Judge[101]. Er kann jedoch keine Beisitzer (assessors) zuziehen und nicht mit einer Jury verhandeln[102]. Ist eine Hauptverhandlung mit sachverständigen, nicht stimmberechtigten Assessors angezeigt, so muß sie von einem Judge durchgeführt werden. Das gleiche gilt, wenn eine der Parteien ein Recht auf Hinzuziehung einer civil jury hat, denn ein Geschworenen-Gericht wird immer von einem Judge geleitet[103].

3. Als Vollstreckungsgericht erläßt der Master insbesondere Entscheidungen im Interpleader- und im Garnishee-Verfahren. Das Interpleader-Verfahren regelt die Beteiligung Dritter am Prozeß, und zwar werden unter dieser Bezeichnung die folgenden zwei Fälle zusammengefaßt:

a) Jemand schuldet Geld oder die Herausgabe von Sachen und wird von zwei oder mehr Personen verklagt, die denselben Anspruch zu haben behaupten[104];

b) ein Vollstreckungsbeamter hat Sachen als Objekte der Pfändung an sich genommen oder will sie an sich nehmen; ein Dritter beansprucht sie jedoch für sich[105].

Das Garnishee-Verfahren betrifft die Zwangsvollstreckung wegen Geldforderungen in Forderungen[106].

Entscheidungen des Master als Vollstreckungsgericht sind grundsätzlich nur beim Court of Appeal anfechtbar[107].

4. Gegen Entscheidungen des Master gibt es ein formelles Rechtsmittel (appeal) zum judge in chambers des High Court oder zum Court of Appeal[108]. Grundsätzlich ist judex ad quem der judge in chambers[109]. Das Gesetz stellt aber die Entscheidung eines

---

[101] R. S. C. Ord. 36, r. 9 (1) und (3); r. 4 (1) (b).

[102] R. S. C. Ord. 36, r. 9 (1); zu den Assessors s. u. § 15.

[103] R. S. C. Ord. 33, r. 2.

[104] R. S. C. Ord. 17, r. 1 (1) (a); dieser Fall entspricht der Hauptintervention des § 64 ZPO. Vgl. auch *Curti*, Englands Zivilprozeß, S. 120.

[105] R. S. C. Ord. 17, r. 1 (1) (b); vgl. § 771 ZPO.

[106] Vgl. *Curti*, aaO S. 121; Ord, 49, r. 1 (1).

[107] R. S. C. Ord. 58, r. 2 (1) (c).

[108] R. S. C. Ord. 58, r. 1 (1), 2; zum Begriff appeal vgl. *Gerland*, Rechtsmittelsystem, S. 162 f., 165 Anm. 44.

[109] Vgl. Atwell v. Ministry of Public Building and Works, (1969) 1 W. L. R. 361.

Master der eines Judge gleich und gewährt ein Rechtsmittel unmittelbar zum Court of Appeal, wenn der Master die Hauptverhandlung (trial) selbst durchgeführt hat. Hieraus wird ersichtlich, daß der Master in diesem Fall eine selbständige Instanz darstellt. Außerdem führt das Rechtsmittel unmittelbar zum Court of Appeal, wenn die Sache vom Judge an den Master verwiesen worden ist, gegen seine Entscheidungen in Schadensersatz-Festsetzungsverfahren und in bestimmten güterrechtlichen Angelegenheiten. Das gleiche gilt für Versäumnisurteile in Verfahren, die auf Abzahlungskäufen (hire-purchase or conditional sale agreements) beruhen. Die Rules of the Supreme Court sehen ein besonderes Verfahren bei Abzahlungskäufen vor[110]. Ergeht in diesem Verfahren ein Versäumnisurteil wegen Terminsversäumung oder Einlassungsversäumnis, was nur mit besonderer Erlaubnis eines Master geschehen kann[111], so ist diese Entscheidung nur beim Court of Appeal anfechtbar.

5. Als Ergebnis ist festzustellen, daß die Masters der Queen's Bench Division des High Court das Verfahren des englischen Zivilprozesses bis zur Hauptverhandlung leiten, sie sind also Vorverfahrensrichter (Prozeßinstruenten[112]) der Judges. Sie können aber auch selbst Hauptverhandlungen durchführen und werden in diesem Fall streitentscheidend tätig. Obwohl der Master officer of the court, also Gerichtsbeamter ist, muß daher sein Amt dem eines deutschen Richters auf Lebenszeit gleichgestellt werden[113]. In ihrer Funktion als Vorverfahrensrichter sind sie andererseits als Richtergehilfen der Judges anzusehen.

---

[110] R. S. C. Ord. 84 rr. 1–3.

[111] R. S. C. Ord. 84, r. 3 (1); Ord. 58, r. 2 (1).

[112] Zu diesem Begriff vgl. den älteren preußischen Prozeß, der zwischen Instrument (Vorverfahrensrichter) und Referent (Berichterstatter) des Kollegiums unterschied, vgl. Allgemeine Gerichtsordnung für die Preußischen Staaten. 1. Teil. Prozeßordnung. Berlin 1795, S. 349: „Der Deputierte, welcher die Instruktion besorgt hat, kann niemals Re- oder Korreferent seyn; ..." vgl. auch *Mendelssohn-Bartholdy*, Mitteilungen, Rhein. Zeitschr. 1913, S. 424 ff.

[113] Vgl. schon *Gerland*, Englische Gerichtsverfassung und Deutsche Gerichtsreform, S. 46: „... mit Richtern in unserem Sinn zu tun haben"; *Koellreutter* aaO S. 20: „niedere Richter"; *Henkel* aaO S. 37; *Reynold* aaO S. 192; *Cohn*, Der englische Gerichtstag, S. 27: „richterliche Hilfsbeamte"; *Romberg* aaO S. 146: „Richter", *Wagner* aaO S. 100: „Richterassistenten", „richterliche Hilfsbeamte"; *Brodie-Innes*, Comparative Principles, p. 102: „inferior judges".

§ 4 Die District Registrars

Die District Registrars sind wie die Masters 'officers', also Gerichtsbeamte des Supreme Court[114] und werden vom Lord Chancellor ernannt[115]. Die Befähigung zu diesem Amt hat ein Solicitor mit wenigstens 7jähriger Praxis als Anwalt oder ein County Court Registrar[116], also ein Unterrichter eines County Court. Gewöhnlich sind beide Unterrichter-Funktionen in Personalunion verbunden. Da auch die County Court Registrars die Ausbildung eines Solicitor haben[117], ist dieses Amt den Anwälten niederer Ordnung vorbehalten. Wenn der Amtsbezirk einer District Registry besonders groß ist, kann der Lord Chancellor diese mit zwei Registrars (joint registrars) besetzen und Richtlinien für die Geschäftsverteilung erlassen[118].

Zusätzlich ernennt der Lord Chancellor Assistant District Registrars, die Solicitors mit 7 Jahren Zulassung sein müssen[119]. Sie können alle Funktionen der District Registrars ausüben und haben dann deren sachliche Zuständigkeit[120]. Sie sind ebenfalls Gerichtsbeamte des Supreme Court.

Der District Registrar ist Vorstand der District Registry als örtlicher Zweigstelle des High Court für Zivilverfahren. Die District Registries sind reine Zivilgerichte, die im Rahmen der großen englischen Justizreform von 1873—1875 gegründet[121] wurden, um der Zentralisation der Gerichte in London entgegenzuwirken. Die District Registries werden durch Order in Council[122], d. h. durch Königliche Ausführungsverordnung errichtet. Es gab 1966 122 District Registries[123], die gerichtsverfassungsrechtlich ein zweites System lokaler Zivilgerichte neben den County Courts darstel-

---

[114] Supreme Court Act, 1925, s. 84 (7).
[115] Ibid., s. 84 (5).
[116] Ibid., s. 84 (2) und (5). Vgl. *Reynold*, Justiz, S. 37.
[117] County Court Act, 1934, s. 18 (1).
[118] Ibid., s. 16 (3).
[119] Administration of Justice Act, 1956, s. 12 (1) — (3).
[120] Ibid., s. 12 (4).
[121] Supreme Court Act, 1925, s. 60.
[122] Ibid., s. 84 (1).
[123] Vgl. District Registries Order in Council, 1966.

len. Die Stellung des District Registrar entspricht der eines Queen's Bench Master[124], er ist also der lokale Chambers-Richter und das lokale Vollstreckungsgericht. Er ist Richter des Vorverfahrens nicht nur für die Queen's Bench Division, sondern für alle drei Hauptabteilungen des High Court[125] mit Ausnahme der Probate-Angelegenheiten, für die eigene mit District Probate Registrars besetzte Registries eingerichtet wurden[126]. Für den District Registrar gelten die gleichen Verfahrensvorschriften wie für den Master, und seine Zuständigkeit unterliegt den gleichen Einschränkungen.

Da die District Registrars sich nicht des Central Office in London als der Geschäftsstelle des High Court bedienen können, haben sie eine eigene Geschäftsstelle, für die die Verfahrensvorschriften des Central Office entsprechend anzuwenden sind[127]. Die Funktionsteilung im High Court zwischen Master und Taxing Officer entfällt für die District Registry: ein District Registrar ist auch für die Kostenfestsetzungsverfahren der in seiner Zweigstelle abgeschlossenen Prozesse zuständig[128]. Die District Registrars verschiedener District Registries können sich gegenseitig vertreten[129].

In einer District Registry anhängige Verfahren können, unter Umständen müssen an den High Court, Verfahren am High Court können an eine District Registry verwiesen werden[130]. Die Verweisung an eine District Registry in einem Prozeß, bei dem die Krone Partei ist, bedarf deren Zustimmung[131]. Wird gegen die

[124] R. S. C. Ord. 32, r. 23. *Odgers*, Principles, p. 3 n. 6 bezeichnet sie ausdrücklich als „Masters"; sie werden aus diesem Grund im Zusammenhang mit den Queen's Bench Masters erörtert, obwohl sie nicht nur zu dieser Division gehören.

[125] R. S. C. Ord. 32, r. 23.

[126] Vgl. *Halsbury*, Laws, Vol. 9, p. 423 et seq., 429 et seq., 435, 472.

[127] R. S. C. Ord. 63, r. 11; das Verfahren der Registry ist ein Chambers-Verfahren, vgl. Ord. 32, rr. 23, 24; auch die Masters' Practice Directions sind anwendbar; vgl. auch *Collins*, Humphrey's District Registry Practice and Procedure.

[128] R. S. C. Ord. 62, r. 12 (4) und (5).

[129] Administration of Justice Act, 1956, s. 13.

[130] R. S. C. Ord. 4, r. 6.

[131] R. S. C. Ord. 77, r. 2 (1).

Krone in einer District Registry geklagt, so braucht sie sich nur in London einzulassen, um das Verfahren von der Zweigstelle weg an das Zentralgericht zu bringen[132]. Die Krone hat hier also eine Wahlmöglichkeit.

Grundsätzlich gibt es gegen Entscheidungen des District Registrar die gleichen Rechtsmittel, wie wenn ein Master oder Registrar der drei Hauptabteilungen tätig geworden wäre[133]. Die Rechtsmittelfristen sind wegen der Entfernung zum judex ad quem allerdings etwas verlängert[134]. In Admiralty-Sachen gibt es außerdem ein besonderes Rechtsmittel, das motion in objection zum judge in court, der dann eine Hauptverhandlung ('judge in court' als Verfahrensart im Gegensatz zu 'judge in chambers') durchführen muß[135].

§ 5 Der Admiralty Registrar

Die Admiralty Registry des Admiralty Court[136] als Abteilung der Queen's Bench Division ist mit einem Admiralty Registrar und einem Assistant Registrar besetzt, die vom Lord Chancellor ernannt werden[137]. Die Befähigung zu diesen Ämtern haben Barristers oder Solicitors mit mindestens 10jähriger praktischer Erfahrung als Anwalt[138].

Der Admiralty Registrar hat – mit den gleichen Einschränkungen wie beim Queen's Bench Master – die Befugnisse eines judge in chambers[139], er ist also der Vorverfahrensrichter in Seesachen. Den Judges sind jedoch bestimmte Aufgaben als Chambers-Rich-

---

[132] R. S. C. Ord. 77, r. 2 (2); Ord. 4, rr. 6, 3.
[133] R. S. C. Ord. 58, r. 4 (1). Vgl. den Fall, daß der District Registrar in einem Garnishee-Verfahren als Vollstreckungsgericht tätig wurde, ein Rechtsmittel unmittelbar zum Court of Appeal: George Lee & Sons (Builders) Ltd. v. Olink, (1972) 1 C. A. 214.
[134] R. S. C. Ord. 58, r. 4 (2).
[135] R. S. C. Ord. 75, r. 44 und r. 43.
[136] Administration of Justice Act, 1970, s. 2 (1).
[137] Courts Act, 1971, s. 26 (1) (d).
[138] Supreme Court Act, 1925 s. 126 (4).
[139] R. S. C. Ord. 32, r. 11 (1). Der Assistant Registrar hat die gleichen Befugnisse wie der Registrar, vgl. Ord. 75, r. 47.

ter vorbehalten, insbesondere wird der verfahrengestaltende Haupttermin des Vorverfahrens (das hearing of the summons for directions) in Admiralty-Sachen grundsätzlich von einem Judge durchgeführt, es sei denn, dieser ordnet etwas anderes an[140].

Außerdem können bestimmte Angelegenheiten vom Judge ausdrücklich an den Admiralty Registrar verwiesen (referred) werden[141]. Diese Verweisung erfolgt insbesondere, um in Schadensersatzprozessen die Höhe des Schadensersatzes festzusetzen. Das Grundurteil über die Pflicht zum Schadensersatz wird dabei regelmäßig vom judge in court erlassen[142]. Aufgrund der Verweisung (reference) findet eine Verhandlung (hearing) statt, die aus verschiedenen Terminen bestehen kann[143] und für die er zu seiner Unterstützung Beisitzer (assessors)[144] zuziehen kann, die ihn in Fragen der Navigation beraten. In der Praxis zieht der Admiralty Registrar vereinzelt auch Kaufleute hinzu, die bei der Schadensfestsetzung insbesondere hinsichtlich beschädigter Fracht beratend tätig werden[145]. Nach Schluß der letzten mündlichen Verhandlung[146] setzt der Registrar eine schriftliche Entscheidung ab, gegen die ein besonderes Rechtsmittel, das motion in objection zum judge in court gegeben ist[147]. Dem formellen Bericht über seine Entscheidung (report) kann er in besonders schwierigen Fällen eine informelle Entscheidungsbegründung beifügen[148].

Ausdrücklich durch Gesetz[149] ist außerdem die ausschließliche Zuständigkeit des Admiralty Registrar in einem besonderen Ent-

---

140 R. S. C. Ord. 25; 75, r. 25 (1).

141 R. S. C. Ord. 75, r. 41 et seq.; der Registrar beraumt Termine an, die eine einheitliche mündliche Verhandlung bilden, vgl. Ord. 75, r. 42 (1).

142 Bird v. Gibb, The de Bay, (1883), 8 App. Cas. 559; The City of Chester, (1884) 9 P. D. 182 (C. A.) p. 190; The Gertrude, The Baron Aberdare, (1888) 13 P. D. 105 (C. A.).

143 R. S. C. Ord. 75, r. 42 (1).

144 Vgl. The Eastern City (1959) Fo. 26; s. u. § 15.

145 Vgl. *Hewson*, Laws of Collision at Sea, p. 302 et seq.

146 R. S. C. Ord. 75, r. 42 (4).

147 R. S. C. Ord. 75, r. 43.

148 Er soll seine Entscheidung schriftlich begründen, wenn eine der Parteien Ausländer ist, vgl. The St. Charles, (1927) 138 L. T. 456 (C. A.) p. 459.

149 Rules of the Supreme Court (Merchant Shipping), 1894, r. 3 (1). Zum Verfahren vgl. *Halsbury*, Laws, 3rd ed. Vol. 1, p. 72.

schädigungsverfahren vorgesehen: Seeleute der Handelsmarine auf britischen Schiffen dürfen ohne Einhaltung einer Kündigungsfrist das Schiff verlassen, um in die Kriegsmarine einzutreten[150]. Entsteht durch die Einstellung eines Nachfolgers dadurch ein Schaden, daß diesem ein höherer Sold gezahlt werden muß, so kann der Kapitän oder der Schiffseigentümer einen Ersatzanspruch gegen die Krone geltend machen[151]. Grund und Höhe des Anspruchs werden vom Admiralty Registrar durch certificate festgestellt.

Das englische Seerecht kennt außerdem die Klagemöglichkeit der actio in rem[152]. Schadensersatzansprüche aus Schiffskollisionen können dabei in der Weise geltend gemacht werden, daß der Geschädigte als Kläger das Schiff als beklagte Sache pfänden und versteigern läßt und diejenigen, die Rechte an dem Schiff haben und die Versteigerung verhindern wollen, dem Verfahren in einer der Nebenintervention ähnelnden Weise beitreten. Kommt es in einem solchen Verfahren zum Beschluß, der die Versteigerung des Schiffes anordnet, so muß bei dieser und allen damit zusammenhängenden Anordnungen ein 'judge in person'[153] tätig werden; der Registrar ist unzuständig.

Neben dem motion in objection gibt es gegen Entscheidungen des Registrar im Rahmen des Vorverfahrens ein formelles Rechtsmittel (appeal) zum judge in chambers[154].

---

[150] Merchant Shipping Act, 1894, s. 195.

[151] Ibid., s. 197 (6).

[152] Ord. 75, r. 3 (1); r. 8 (1) (a) (Zustellung an das Schiff durch Anheften am Mast). Vgl. *Carver*, Carriage by Sea, Vol. II p. 1163; vgl. auch *Ziegenbein*, Real and Personal Actions, S. 82 ff.

[153] R. S. C. Ord. 75, r. 22 (7).

[154] R. S. C. Ord. 58, r. 1 (1).

II. Teil:
Das untere Richterpersonal der Chancery Division

§ 6 Die Masters

I. Amt und Ernennung

Mit der Abschaffung der alten Chancery Masters durch Gesetz von 1852[155] verlor der Court of Chancery seine Unterrichter, die sich nach Meinung der Judges zu sehr zu einer selbständigen Instanz entwickelt hatten[156]. Die neuen Chief Clerks sind lediglich Stellvertreter der Judges und unterstehen völlig ihrer Aufsicht[157], die durch Weisungen ausgeübt wird. 1897 erhielten die Chief Clerks wieder den Titel Master[158]; die besondere rechtliche Ausgestaltung ihres Amtes als Richterstellvertreter blieb jedoch erhalten.

Die 8 Chancery Masters werden vom Lord Chancellor ernannt[159]. Ernannt werden kann ein Jurist, der mindestens 10 Jahre als Solicitor praktiziert oder als 10 Jahre zugelassener Solicitor das Amt eines Taxing Master, Official Solicitor, Chancery Registrar oder District Registrar bekleidet hat[160]. Der Chancery Master ist also im Regelfall früher Solicitor gewesen.

Auch die Masters der Chancery Division haben ihr Amt during good behavior[161], sind also persönlich unabhängig. Sie haben

---

[155] Court of Chancery Act, 1852. Zur Geschichte des Masteramts vgl. *Ball*, Chancery Master, L. Q. R. 77 (1961), p. 331 et seq. (die dort angegebenen Quellen sind im wesentlichen unveröffentlicht); *Bryant*, Master in Chancery, A. B. A .J. 40: 498–501, 533 (1954).

[156] Vgl. *Hansard*, Parliamentary Debates Vol. CXX, p. 803.

[157] Vgl. *Ball*, op. cit., p. 343.

[158] Vgl. *Jacob*, Annual Practice 1966, p. 1417.

[159] Supreme Court Act, 1925, s. 106 (3).

[160] Ibid., sch. IV No. 6; Administration of Justice Act, 1965, s. 24 (1) (a).

[161] Supreme Court Act 1925, s. 115 (1), s. 127 (1), sch. III Pt. I; es gilt das gleiche Absetzungsverfahren wie bei den Queen's Bench Masters.

jedoch keine durch Gesetz verliehene selbständige 'jurisdiction'[162] wie die Queen's Bench Masters, also sachliche Unabhängigkeit, sondern üben als Stellvertreter der Judges[163] deren jurisdiction aus. Hinsichtlich Gehalt und Pension entspricht ihre Stellung der der Queen's Bench Masters.

II. Zuständigkeit

Die Chancery Masters haben im Grundsatz die Befugnisse (powers) des judge in chambers[164], jedoch im Unterschied zu den Queen's Bench Masters mit der Einschränkung, daß die Judges durch spezielle oder generelle Weisungen (directions) die Zuständigkeit der Master nach ihrem Ermessen regeln, sich also bestimmte Angelegenheiten vorbehalten können. Außerdem können die Parteien in jedem Stadium des Vorverfahrens die Entscheidung eines Judge durch bloßen Antrag auf Vertagung zum Judge (adjournment) erreichen.

Die Judges der Chancery Division haben von der allgemeinen Weisungsbefugnis keinen Gebrauch gemacht, d. h. ihre Zuständigkeit von der der Masters nicht durch zusätzliche ausdrückliche directions abgegrenzt. Die Geschäftsverteilung folgt vielmehr dem Gewohnheitsrecht[165]. Danach sind die Masters u. a. zustän-

---

[162] Vgl. *Halsbury*, Laws, 3rd ed. Vol. 9 p. 426; siehe aber R. S. C. Ord. 32, r. 14 (1).

[163] Vgl. *Halsbury*, op. cit., p. 426 (No. 980); ihre Befugnisse werden als "powers" bezeichnet, vgl. Practice Direction (1970) 1 W. L. R. 762.

[164] R. S. C. Ord. 32 r. 14 (1). Die Chancery Masters haben erst seit den R. S. C. (Chancery Provisions), 1954, die Befugnisse eines judge in chambers. Sie entwickeln sich damit mehr und mehr zu einer selbständigen Instanz, vgl. *Wheatcroft*, Chancery Procedure, L. S. G. 1960, p. 312 et seq., at p. 315, der das adjournment zum Judge für ein besonders ausgestaltetes Rechtsmittel hält.

[165] Nach der Verleihung der Zuständigkeit eines judge in chambers an die Chancery Masters kam es zu Schwierigkeiten in der Abgrenzung der Amtsbereiche. Die Chancery Judges erließen daraufhin, ohne von ihrer ihnen gesetzlich zustehenden Weisungsbefugnis (vgl. R. S. C. Ord. 32, r. 14 [1]) Gebrauch zu machen, sog. Memoranden, die die bisherige Praxis feststellten und die bisherige Zuständigkeitsverteilung zwischen Judge und Chancery Master für weitergeltend erklärten, vgl. *Memorandum* 1965 und *Memorandum* 1960; jetzt gilt: Practice Direction (Chancery: Powers of Masters), 30th Jan. 1970, 1 W. L. R. 762 (im Text als Memorandum bezeichnet und nach der Form der Veröffentlichung wohl keine Practice Direction der Judges).

dig für Zustellungen außerhalb der Gerichtsbarkeit des High Court (out of the jurisdiction) in klaren Fällen, zur Ernennung von Treuhändern (trustees, Kuratoren von trusts) mit gewissen Ausnahmen, u. a. wenn das Treugut den Wert von £ 2000 wesentlich übersteigt[166], und für die Verwaltung des Treuguts oder der Auflösung der Treuhand (execution of the trust) bei Klagen eines Treugebers (beneficiary). Außerdem sind sie für bestimmte grundstücksrechtliche Angelegenheiten, zur Feststellung der gesetzlichen Erben (next of kin) eines ohne Testament verstorbenen Erblassers und zur Sanktionierung von Vergleichen in bestimmten Fällen zuständig[167].

Bei bestimmten, auf Vertragserfüllung gerichteten Klagen (actions for specific performance), bei denen ein beschleunigtes Verfahren (summary judgement) zulässig ist[168], darf ein Master nur unter den folgenden Voraussetzungen tätig werden: es liegt eine Vertragsurkunde vor und der Beklagte versäumt die Einlassung oder den Termin (hearing) oder seine Einlassung ist offensichtlich unerheblich. Neben dieser Zuständigkeitsregelung kraft Gewohnheitsrechts treffen die Rules of the Supreme Court noch eine Ausnahmeregelung für die Chancery Masters: soweit die Klageerhebung durch 'originating summons'[169] erfolgt, also insbesondere im Urkundenprozeß, und sich dabei eine streitige Rechtsfrage oder eine Frage hinsichtlich der Auslegung einer Urkunde ergibt, soll der Master grundsätzlich nicht zuständig sein[170].

Soweit der Master sachlich zuständig ist, hat er die gleichen Befugnisse wie ein Queen's Bench Master. Er darf insbesondere das persönliche Erscheinen der Parteien anordnen, Zeugen auf Antrag der Parteien laden und die Vorlegung von Urkunden oder

---

[166] Vgl. Practice Direction 1970, No. 3 b; die Befugnisse der Masters sind seit 1960 erweitert worden, vgl. *Memorandum* 1960 No. 1–2 a, b, I–VI.

[167] Vgl. Practice Direction 1970, No. 3.

[168] R. S. C. Ord. 86, r. 1.

[169] R. S. C. Ord. 5, rr. 3 und 4 (2). Zu den verschiedenen Arten der Klageerhebung vgl. Ord. 5, r. 1 et seq.

[170] R. S. C. Ord. 32, r. 14 (2); allgemein zum Chancery Prozeß vgl. *Heward*, Chancery Practice.

das persönliche Erscheinen von Verfahrensbeteiligten anordnen, die einer Ladung (summons) nicht gefolgt sind[171].

Auf besondere Anordnung (direction) eines Judge muß der Master auch für ihn Zeugen und Parteien vernehmen[172]. Die Masters müssen in jedem einzelnen Fall prüfen, ob die Entscheidung wegen der besonderen Bedeutung der Sache einem Judge überlassen bleiben sollte[173]. Der Master kann auch eine Hauptverhandlung durchführen, wenn die Parteien dies beantragen[174].

Gegen alle Entscheidungen des Master gibt es eine Erinnerung (adjournment, Vertagung) zum judge in person[175]. Dies stellt einen besonderen Rechtsbehelf vom Richterstellvertreter zum Judge dar, woraufhin das Verfahren ohne erneute formelle Ladungen unmittelbar vom Judge fortgesetzt wird; es bleibt in derselben Instanz. Hat der Master eine Hauptverhandlung (trial) durchgeführt, ist seine Entscheidung der des Judge gleichgestellt. Das Rechtsmittel (appeal) dagegen führt dann zum Court of Appeal[176].

Die Masters der Chancery Division sind also gerichtsverfassungsrechtlich Richterstellvertreter und in ihrer prozessuellen Funktion Vorverfahrensrichter bzw. Richtergehilfen.

§ 7 Die Registrars in Bankruptcy

I. Amt und Ernennung

Entgegen dem allgemeinen Grundsatz der Zentralisation der englischen Gerichtsbarkeit sind die Konkursgerichte stets lokale Gerichte gewesen. Dies gilt auch für das 1832 gegründete[177] und

[171] R. S. C. Ord. 32, r. 15 (1) und (3).
[172] R. S. C. Ord. 32, r. 15 (4).
[173] Vgl. *Memorandum* 1955, No. 3.
[174] R. S. C. Ord. 36, r. 9 (1); Ord. 1, r. 4 (1).
[175] R. S. C. Ord. 58; 32, r. 14 (1). Zum Unterschied von adjournment und appeal vgl. *Re Watts*, (1883) 22 Ch. D. 5.
[176] R. S. C. Ord. 58, r. 3; Ord. 36, r. 9.
[177] Bankruptcy Act, 1869. Zur Geschichte der englischen Konkursgerichtsbarkeit vgl. *Gneist*, Englisches Verwaltungsrecht, Bd. II, S. 998 ff.; *Gerland*, Englische Gerichtsverfassung, S. 469 ff.

1869 neu organisierte Londoner Konkursgericht, dessen eigentliche Konkursrichter die Registrars waren. Präsident war ein Chief Judge, der die Rechtsmittelinstanz des Konkursgerichts bildete. 1873, endgültig 1883 wurde das Gericht mit dem High Court verbunden; die Registrars wurden Beamte des Supreme Court. Durch Verordnung von 1884 wurde die Zuständigkeit in Konkurssachen der Queen's Bench Division zugewiesen und ein Judge besonders beauftragt. Das jetzt in Kraft befindliche Bankruptcy Act, 1914[178], überläßt es dem Lord Chancellor, welcher Hauptabteilung er die Konkursgerichtsbarkeit zuweisen will. Seit 1921 gehört sie zur Chancery Division[179].

Die Registrars in Bankruptcy werden vom Lord Chancellor ernannt[180]. Es gibt einen Chief Bankruptcy Registrar und zwei Registrars, von denen einer für die Liquidation von Gesellschaften (winding up of companies[181]) zuständig ist. Zum Registrar kann ernannt werden, wer 10 Jahre zugelassener Barrister oder Solicitor war[182]. Die Registrars haben ihr Amt wie die Masters during good behavior[183] inne. Sie können sich gegenseitig vertreten[184].

II. Zuständigkeit

Die Registrars sind die eigentlichen Richter des englischen Konkursverfahrens[185]. Im Stadium der Einleitung[186] sind sie für die Verhandlung aufgrund eines Gesuchs auf Eröffnung des Konkursverfahrens (bankruptcy petition) zuständig. Im englischen Konkursverfahren ist zwischen der Eröffnung des Konkursverfahrens (receiving order) und dem Bankrotterklärungsbeschluß (adjudication of bankruptcy) zu unterscheiden. Die Registrars bestellen

---

[178] Geändert durch Bankruptcy (Amendment) Act, 1926.

[179] Bankruptcy Act, 1914, s. 97. Vgl. auch *Cruchley*, op. cit., p. 180.

[180] Supreme Court Act, 1925, s. 114 (1).

[181] Zum Verfahren vgl. *Schulze*, Gerichtliche Liquidation, S. 54 ff. (teilweise veraltet), und Companies (Winding-up) Rules, 1949.

[182] Supreme Court Act, 1925, s. 126 (1), sch. IV No. 5. Rein faktisch sind 1968 alle früher Barrister gewesen, vgl. *Kayser*, Auswahl der Richter, S. 105.

[183] Supreme Court Act, 1925, s. 115 (1), s. 127 (1), sch. III Pt. I.

[184] Bankruptcy Rules, 1952, r. 122.

[185] Bankruptcy Act, 1914, s. 102.

[186] Vgl. zu den Verfahrensabschnitten *Frackenpohl*, Konkursverfahren, S. 12 (allerdings wegen der Bankruptcy Rules, 1952, in Einzelheiten und den Fundstellen veraltet); *Jaeger-Jahr*, KO § 78 Anm. 15, § 110 Anm. 4.

bei Eröffnung des Konkursverfahrens einen amtlichen Sequester (official receiver[187]) für das gemeinschuldnerische Vermögen in der receiving order und erlassen auch den Bankrotterklärungsbeschluß[188]. Mit der Bankrotterklärung geht die Konkursmasse ohne besondere Maßnahmen auf einen Treuhänder (trustee) über, als welcher bis zur Wahl oder Ernennung der official receiver fungiert[189].

Während des Konkursverfahrens vernehmen sie den Gemeinschuldner in öffentlicher Sitzung (public examination of the debtor[190]) und können in dringenden Fällen Zwischenanordnungen erlassen[191]. Sie sind befugt, alle Personen zu laden und zu vernehmen, von denen man weiß oder die in Verdacht stehen, Vermögensteile des Gemeinschuldners in Besitz zu haben, die Schuldner des Gemeinschuldners sind, oder die über seine Vermögensverhältnisse Aussagen machen können[192]. Die Registrars sind zur Anhörung und Entscheidung über alle Anträge befugt, denen von der anderen Partei nicht entgegengetreten wird oder die 'ex parte' erfolgen, d. h. Anträge unmittelbar an das Gericht ohne Zustellung eines Schriftsatzes an die andere Partei (by a summons, served on the other party)[193].

Schließlich erlassen die Registrars auch nach mündlicher Verhandlung[194] über einen entsprechenden Antrag den Entlastungsbeschluß (order of discharge), durch den die Befreiung des Gemeinschuldners erfolgt[195]. Sie dürfen auch Vergleiche genehmigen[196]. Wegen contempt of court in Haft nehmen können sie nicht[197].

---

[187] Vgl. *Kerr*, Receivers, pp. 113, 346.
[188] Bankruptcy Act, 1914, s. 102 (2) (a).
[189] Ibid., s. 7 (1) und 53 (1).
[190] Ibid., s. 102 (2) (b); s. 15 (1).
[191] Ibid., s. 102 (2) (e).
[192] Ibid., s. 102 (2) (g).
[193] Ibid., s. 102 (2) (g).
[194] Bankruptcy Act, 1914, s. 26 (1).
[195] Ibid., s. 102 (3), vgl. *Cruchley*, op. cit., p. 181 No. 1.
[196] Ibid., p. 181.
[197] Bankruptcy Act, 1914, s. 102 (4).

Der Registrar hat an den Judge zu verweisen, wenn alle Beteiligten es beantragen oder wenn ein solcher Antrag vorliegt und er der Auffassung ist, daß ein Fall von besonderer Wichtigkeit oder Schwierigkeit gegeben ist[198]. Der Judge kann auch allgemeine oder spezielle Weisungen zu jedem Fall erteilen oder das Verfahren ganz an sich ziehen[199]. Diese Regelung entspricht der zwischen Chancery Judge und Chancery Master. Dementsprechend gibt es gegen Entscheidungen des Registrar neben dem 'adjournment' zum Judge[200] in bestimmten Fällen wie bei den Masters ein Rechtsmittel zum Court of Appeal, soweit die Entscheidungen des Registrar und des Judge gleichgestellt sind[201].

---

[198] Cave-order 1884, para. 3; zu den zwei vom Judge *Cave* erlassenen directions zur Regelung der Zuständigkeit des Registrars in Bankruptcy vgl. *Williams*, Bankruptcy, p. 588.

[199] Bankruptcy Rules, 1952, r. 10; *Re Hooly*, (1892) 6 Mans. 176; 80 L. T. 495.

[200] Vgl. *Wrenbury*, Companies Act, p. 1019 (bei Auflösung von Gesellschaften); Bankruptcy Rules, 1952, r. 10.

[201] Bankruptcy Act, 1914, s. 108 (2) (b).

III. Teil:
Das untere Richterpersonal der Family Division

§ 8 Die Principal Registrars

Es gibt in der Principal Registry der Family Division in London einen Senior Registrar und sieben Registrars[202]. Die Registrars der Principal Registry werden vom Präsidenten der Division ernannt[203]. Die Befähigung zu diesem Amt hat, wer als Barrister oder Solicitor 10jährige Praxis aufweist, wer 5 Jahre das Amt eines District Probate Registrar inne hatte oder 10 Jahre clerk (Justizbeamter) in einer Probate Registry war[204]. Sie haben ihr Amt during good behavior[205], sind also persönlich unabhängig. Es gilt für sie dasselbe Absetzungsverfahren wie für die Queen's Bench Masters und das übrige untere Richterpersonal[206].

Die Principal Registry ist neben ihrer Funktion als Zentralgericht gleichzeitig als Lokalgericht für London einem Divorce County Court gleichgestellt[207]. Die Hauptverhandlung in unverteidigten Ehesachen wird von einem County Court Judge[208], in verteidigten Ehesachen von einem High Court Judge durchgeführt. Die Registrars sind wie die Masters und District Registrars grundsätzlich die Richter des Vorverfahrens[209] in Ehesachen. Sie haben daher die gleichen Befugnisse wie ein judge in chambers, und zwar mit den gleichen Einschränkungen wie ein Queen's Bench Master. In bestimmten Angelegenheiten können die Parteien die Verweisung an einen Judge verlangen[210]. Darüber hinaus ist die

---

202 Vgl. *Rayden*, Divorce, p. 14.

203 Supreme Court Act, 1925, s. 114 (3); *Rayden*, Divorce, 11th ed. p. 20.

204 Supreme Court Act, 1925, s. 126 (3); Administration of Justice Act, 1928, s. 1 (1).

205 Supreme Court Act, 1925, s. 115 (1), s. 127 (1), sch. III Pt. I.

206 Supreme Court Act, 1925, s. 115 (1).

207 Matrimonial Causes Act, 1967, s. 4 (2) und (3).

208 Ibid., s. 4; Matrimonial Causes Rules, 1971, r. 4.

209 R. S. C. Ord. 32, r. 11 (1).

210 Married Women's Property Act, 1882, s. 17; Matrimonial Causes (Property and Maintenance) Act, 1958, s. 7.

Zuständigkeitsverteilung zwischen Judge und Registrar nicht (auch nicht durch Rules[211]) festgelegt. Es wird erwartet, daß Überwachung und Kontrolle Angelegenheiten des Judge sind, während die übrigen Angelegenheiten vom Registrar entschieden werden. Die Zuständigkeitsverteilung wurde bewußt flexibel gehalten[212].

Gegen Entscheidungen des Registrar als Vorverfahrensrichter gibt es ein Rechtsmittel zum judge in chambers[213], gegen seine Entscheidungen als Vollstreckungsgericht auch unmittelbar zum Court of Appeal[214].

Hat der Registrar von ihm eingeräumtem Ermessen Gebrauch gemacht, so ist der judge in chambers – entsprechend der Regelung bei den Masters – an diese Ermessensentscheidung nicht gebunden[215].

§ 9 Die Probate Registrars

Für die nichtstreitigen Probate-Verfahren als besonderer Nachlaßgerichtsbarkeit[216] sind in London die Family Division, und zwar ihre Principal Registry, und außerhalb Londons lokale District Probate Registries zuständig. Diese Zuständigkeitsverteilung entspricht der zwischen Master und District Registrar für die allgemeinen Verfahren.

Da die Principal Probate Registrars in Personalunion Registrars der Family Division sind, gelten die gleichen Ernennungsvoraussetzungen wie bei diesen. Zum District Probate Registrar kann ernannt werden, wer Principal Probate Registrar, Solicitor oder Barrister mit mindestens 5jähriger Praxis oder wer clerk in der Principal- oder einer District Probate Registry war[217]. Die District

---

[211] *Rayden*, Divorce, Supp. 11th ed., p. 949.
[212] *Rayden*, Divorce, p. 949.
[213] R. S. C. Ord. 58, r. 1 (1); Matrimonial Causes Rules, 1957, r. 61.
[214] R. S. C. Ord. 58, r. 2 (2).
[215] Kennedy v. Kennedy, 1949 W. N. 475.
[216] Zum Begriff probate action vgl. R. S. C. Ord. 76, r. 1 (2).
[217] Supreme Court Act, 1925, s. 126 (3) (b), geändert durch Administration of Justice Act, 1928, s. 1 (1).

Probate Registrars sind Beamte des Supreme Court[218], es handelt sich also auch bei den District Probate Registries um Zweigstellen des Zentralgerichts.

Die Registrars der Family Division sind Chambers-Richter[219]; eine Hauptverhandlung können sie nicht durchführen. Ihre wesentliche Aufgabe ist die Erteilung des Probate, also der gerichtlichen Bestätigung eines Testaments. Zusätzlich leiten sie die Geschäftsstelle der Family Division für Probate-Angelegenheiten, die vom Central Office unabhängig ist[220]. Die District Probate Registrars als lokale Richter haben grundsätzlich dieselben Befugnisse wie ein Principal Probate Registrar[221], es bestehen jedoch bestimmte Einschränkungen: nur die Registrars der Principal Registry haben die Befugnis, die Vorlage von Testamenten durch subpoena (Vorladung unter Strafandrohung) zu erzwingen[222], und in streitigen Fällen und Zweifelsfällen muß der District Probate Registrar Weisungen der Principal Probate Registry einholen[223]. Außerdem gibt es ein formelles Rechtsmittel gegen Entscheidungen des District Registrar zum Principal Probate Registrar[224].

Für die nichtstreitigen Probate-Sachen besteht eine besondere Verfahrensordnung[225], in der u. a. die Überwachung der District Probate Registries durch die Principal Registry geregelt wird[226]. Gegen Entscheidungen des Probate Registrar als Vollstreckungsgericht führt das Rechtsmittel (appeal) wie bei den Masters unmittelbar zum Court of Appeal[227].

---

[218] Supreme Court Act, 1925, s. 128 A; Administration of Justice Act, 1928, s. 1 (4).
[219] R. S. C. Ord. 32, r. 11 (1); zum Verfahren vgl. *Ferid-Firsching*, Internationales Erbrecht, Bd. III Rdn. 234 ff.
[220] Vgl. Supreme Court Act, 1925, s. 107.
[221] R. S. C. Ord. 32, r. 23.
[222] Court of Probate Act, 1858, s. 23.
[223] Supreme Court Act, 1925, s. 151 (3).
[224] Non-Contentious Probate Rules, 1954, r. 62 (1).
[225] Non-Contentious Probate Rules, 1954.
[226] Ibid., r. 57 (1) und (2).
[227] R. S. C. Ord. 54, r. 24, die auch für Registrars gilt.

IV. Teil: Die Richterkommissare

§ 10 Die Recorders der Crown Courts als Richterkommissare des High Court

Die Recorders des durch Reformgesetzgebung neu geschaffenen Crown Courts werden von der Krone auf Vorschlag des Lord Chancellor ernannt[228]. Sie müssen vor der Ernennung 10 Jahre Barrister oder Solicitor gewesen sein. Sie sind Teilzeit-Richter (parttime judges) des Crown Court. Sie werden für einen bestimmten Zeitraum ernannt und können vom Lord Chancellor wegen Unfähigkeit oder Amtspflichtverletzung abgesetzt werden[229]. Die Recorders, deren Amt durch das Courts Act, 1971, neu geschaffen wurde, sollen offensichtlich die Funktion von Hilfs-(Aushilfs-)Richtern übernehmen. Ihnen kann insbesondere, obwohl sie Hilfsrichter des Crown Court sind, durch den Lord Chancellor die Funktion eines High Court Judge übertragen werden[230]. Sie führen dann mit dessen Befugnissen die ihnen zugewiesenen Verfahren durch; sie werden also als Richterkommissare für den High Court tätig.

§ 11 Die Official Referees

I. Die Official Referees[231] werden durch die Krone auf Vorschlag des Lord Chancellor ernannt[232]. Als Befähigung zum Amt müssen sie 10 Jahre praktizierender Barrister, Queen's Bench Master oder County Court Judge gewesen sein[233]. Es gibt einen Senior

[228] Courts Act, 1971, s. 21 (1) (2).
[229] Ibid., s. 21 (6).
[230] Ibid., s. 23 (1).
[231] Durch das Courts Act, 1971, s. 25 (1) wurde das Amt der Official Referees aufgehoben. Zu diesem Amt vgl. *Gerland*, Englische Gerichtsverfassung, S. 458 ff. (460).
[232] Administration of Justice Act, 1956, s. 9 (1) und (2).
[233] Ibid., s. 10 (1) (a); Supreme Court of Act, 1925, sch. IV No. 3; nach *Kayser*, Auswahl der Richter, S. 105, sind sie im Durchschnitt 34 Jahre Barrister gewesen.

Official Referee und drei Official Referees. Ihre Zahl wird durch den Lord Chancellor festgesetzt[234]. Das Amt eines Official Referee wird auch von pensionierten Judges übernommen[235]. Die Official Referees beziehen ein festes Gehalt[236] und haben ihr Amt 'during good behavior'[237], also mit richterlicher Unabhängigkeit. Der Lord Chancellor bestimmt lediglich den Zeitraum, für den sie ihr Amt innehaben. Die Queen's Bench Masters können in dringenden Fällen die Befugnisse der Official Referees wahrnehmen[238], sie also vertreten. In Abwesenheit oder mit Zustimmung des nach der Geschäftsverteilung zuständigen Official Referee kann auch jeder andere Referee dessen Aufgaben übernehmen[239].

II. Die Official Referees werden als Richterkommissare tätig, und zwar für den High Court und den Court of Appeal[240]. Die Verweisung einer Sache an sie kann in jedem Stadium des Verfahrens erfolgen, und zwar in zwei Formen:

a) Zur Durchführung der gesamten Hauptverhandlung oder der Beweisaufnahme innerhalb der Hauptverhandlung[241],

b) als Überweisung zur Untersuchung und zum Bericht (reference for inquiry and report)[242].

Die Überweisung zur Untersuchung und zum Bericht darf grundsätzlich nicht erfolgen, wenn eine Partei ein Recht auf eine Jury hat und davon Gebrauch[243] macht, denn dann werden die Tat-

---

[234] Supreme Court Act, 1925, s. 125 (2).

[235] Vgl. *Weissenstein*, Rechtswörterbuch, "to refer".

[236] Supreme Court Act, 1925, s. 118 (1); Supreme Court Officers (Pensions) Act, 1956, s. 1.

[237] Supreme Court Act, 1925, s. 115 (2); s. 125 (2), s. 127 (1), sch. III Pt. I; Administration of Justice Act, 1956, s. 9 (4).

[238] Vgl. *Jacob*, Supreme Court Practice Ord. 36/6/1, p. 484.

[239] R. S. C. Ord. 36, r. 5 und r. 7. Nach *Henkel*, England, S. 44 soll diese Ausnahmeregelung es ermöglichen, alle Schwierigkeiten abzufangen, die sich aus dem für die englische Gerichtsverfassung ungewöhnlich strikten Geschäftsverteilungssystem ergeben.

[240] Supreme Court Act, 1925, s. 88 (1); R. S. C. Ord. 59, r. 10 (1).

[241] R. S. C. Ord. 36, r. 1.

[242] R. S. C. Ord. 36, r. 2.

[243] A. A. *Gerland*, Englische Gerichtsverfassung, S. 485 Anm. 6, der die gleichlautende Formulierung des damaligen Rechts: "subject to any trial with a

fragen von den Geschworenen entschieden. Eine Überweisung an einen Official Referee kann insbesondere auch zur Durchführung eines Schadensersatz-Festsetzungsverfahrens (assessment of damages) erfolgen[244]. Der Official Referee kann den Judge immer dann ersetzen, wenn dies unter Berücksichtigung der Natur des Falles im Interesse einer oder mehrerer Parteien erwünscht ist, sei es aus Gründen der Zügigkeit, Wirtschaftlichkeit oder Zweckmäßigkeit des Verfahrens. Dies gilt besonders für umfangreichere Punktensachen[245].

Verwiesen werden darf nicht an einen bestimmten Official Referee[246]. Die Geschäftsverteilung (allocation of business) erfolgt vielmehr im Büro des Senior Official Referee durch den rota clerk[247], der nach dem Rotationssystem zuschreibt. Eine Verweisung zur Durchführung der Hauptverhandlung oder zur Untersuchung und zum Bericht ist, wenn die Krone[248] oder der Duke of Cornwall Partei sind, nur mit deren Zustimmung zulässig[249].

Der Official Referee hat aufgrund der Verweisung zur Durchführung der Hauptverhandlung alle Befugnisse eines High Court Judge[250], insbesondere darf er bei contempt of court Haft verhängen. Er führt die Hauptverhandlung (trial) nach denselben Vorschriften durch wie ein Judge[251] und kann nach Bedarf Beisitzer (Assessors) hinzuziehen[252]. Soweit er nicht die gesamte Hauptverhandlung durchführt, sondern nur über die Tatfragen verhandelt, hat seine Entscheidung die Wirkung eines verdict

---

jury" so auslegt, daß nur dann an einen Official Referee verwiesen werden darf, wenn die Hauptverhandlung auch mit einer Jury durchgeführt werden kann. Das ist m. E. widerspruchsvoll: gerade wenn ein Recht auf eine Jury besteht und dieses Recht im Verfahren geltend gemacht wird, darf nicht zur Untersuchung und zum Bericht an einen Official Referee verwiesen werden, da dieser die Funktionen der Jury übernehmen würde; vgl. auch *Adickes*, Grundlinien, S. 53.

[244] R. S. C. Ord. 37, r. 4 (a).

[245] Vgl. *Cohn*, Gerichtstag, S. 53.

[246] R. S. C. Ord. 56, r. 5 (1).

[247] R. S. C. Ord. 36, r. 5 (3).

[248] Vgl. R. S. C. Ord. 36, r. 10; Ord. 77; Crown Proceedings Act, 1947, s. 38 (2).

[249] R. S. C. Ord. 36, r. 10.

[250] R. S. C. Ord. 36, r. 4 (15) (a), Ord. 52; Courts Act, 1971, s. 25 (3).

[251] R. S. C. Ord. 36, r. 4 (2).

[252] R. S. C. Ord. 33, r. 2 (d).

einer Jury; der Judge ist also an diese Entscheidung gebunden[253]. Anders ist es bei der Verweisung zur Untersuchung und zum Bericht. Der Judge ist an die im vom Official Referee zu erstellenden formellen 'report' enthaltenen Feststellungen nicht gebunden[254]; vielmehr steht es in seinem Ermessen, wie er den report verwendet[255]. Er kann den Bericht ganz oder teilweise übernehmen, kann ihn abändern und kann den Official Referee zur mündlichen Stellungnahme auffordern. Der Judge kann auch die an ihn verwiesene Angelegenheit ganz oder teilweise an ihn zurückgeben oder einen anderen Official Referee damit beauftragen. Der Judge kann sich auch bei seiner Entscheidung nur auf die vor dem Official Referee eingeführten Beweismittel stützen und die Beweiswürdigung selbst vornehmen[256].

Hinsichtlich der Rechtsmittel ist zu differenzieren: soweit der Official Referee zur Erstellung eines report tätig geworden ist, hat er selbst keine Entscheidung getroffen. Hier ist also nur ein Rechtsmittel gegen die Entscheidung des Judge möglich. Soweit an den Official Referee zur Durchführung einer Hauptverhandlung verwiesen wurde, gibt es gegen Entscheidungen in Rechtsfragen und bei Verurteilung wegen contempt of court ein formelles Rechtsmittel (appeal) zum Court of Appeal[257]. Gegen Entscheidungen in Tatfragen gibt es, entsprechend der Regelung bei der civil jury, grundsätzlich kein Rechtsmittel. Eine Ausnahme bilden nur Klagen, die Betrug oder Verletzung von Berufspflichten betreffen[258].

Die Official Referees haben außerdem die Funktion amtlicher Schiedsrichter[259]. Aufgrund des Arbitration Act, 1950[260], kann ein Rechtsstreit mit Zustimmung der Parteien an einen Official Referee verwiesen werden, der die Übernahme nicht ablehnen kann. Der Official Referee hat dann alle Befugnisse eines Judge[261].

---

[253] Vgl. schon *Schuster*, Rechtspflege, S. 175.
[254] R. S. C. Ord. 36, r. 3 (3).
[255] *Wenlock* (Baroness) v. *River Dee Co.*, (1887) 19 Q. B. D. 155.
[256] R. S. C. Ord. 36, r. 3 (3) (a–e).
[257] R. S. C. Ord. 58, r. 5; Administration of Justice Act, 1960, s. 13.
[258] R. S. C. Ord. 58, r. 5 (1).
[259] Vgl. schon *Curti*, Englands Zivilprozeß, S. 12.
[260] Arbitration Act, 1950, s. 11.
[261] Vgl. *Walton*, Arbitration, pp. 86, 191.

Die Stellung der Official Referees im ganzen ergibt, daß sie – wie die Masters und Registrars – funktional als Richter anzusehen sind, und zwar als untere Richter kraft besonderen, zeitlich begrenzten Rechtsprechungsauftrags. Es handelt sich daher um die Institution von ständigen Richterkommissaren.

§ 12 Die Special Referees

Als Special Referees beauftragt werden im Einzelfall Barristers, die mit der Überweisung der Sache alle Befugnisse eines Official Referee und damit eines Judge bekommen[262]. Die Verweisung, die regelmäßig wegen besonderer Sachkenntnis eines Barrister auf Antrag der Parteien durch den Master verfügt wird, erfolgt insbesondere zur Durchführung einer Hauptverhandlung (trial), zu der jedoch keine Beisitzer (assessors) hinzugezogen werden können[263]. Die Befugnisse eines Special Referee sind außerdem in zwei Punkten gegenüber denen eines Official Referee eingeschränkt: er kann keine Haft bei contempt of court verhängen, und ihm fehlen bestimmte, dem Official Referee verliehene Annexzuständigkeiten, z. B. hinsichtlich von Widerklagen[264].

Für das Verfahren bei Verweisung zur Durchführung der Hauptverhandlung wie auch zur Untersuchung und zum Bericht gelten die gleichen Vorschriften wie bei den Official Referees[265] und damit den Judges.

Soweit ein Special Referee die Hauptverhandlung durchgeführt hat, ist gegen seine Entscheidung ein Rechtsmittel (appeal) zum Court of Appeal gegeben[266]. Da hier nur ein aus der höheren Anwaltschaft ernannter Richterkommissar für einen Einzelfall tätig geworden ist, sind seine Entscheidungen unbeschränkt durch Rechtsmittel anfechtbar; die für die Official Referees bestehenden Grenzen gelten insoweit nicht[267].

---

[262] R. S. C. Ord. 36, r. 8.
[263] R. S. C. Ord. 32, r. 2 (f); Ord. 36, r. 8 (1).
[264] R. S. C. Ord. 36, r. 8 (3); r. 4 (2).
[265] R. S. C. Ord. 36, r. 8 (2) und (3); Ord. 36, r. 2 und r. 3.
[266] R. S. C. Ord. 58, r. 6; Ord. 36, r. 8.
[267] R. S. C. Ord. 58, rr. 5, 6.

Bei der Institution der Special Referees handelt es sich insgesamt gesehen um die Delegation richterlicher Aufgaben im Einzelfall auf die höhere Anwaltschaft, die damit funktional als Richterreserve anzusehen ist. Quantitative Untersuchungen über die richterliche Tätigkeit der Barristers liegen nicht vor, aber es ist offensichtlich, daß diese Delegationsmöglichkeit im Bedarfsfall eine nicht unerhebliche Entlastung der Judges bewirken kann.

§ 13 Die Special Divorce Commissioners

Bis zum Matrimonial Causes Act, 1967, hatte der High Court die ausschließliche Zuständigkeit in Ehesachen[268]. Die High Court Judges konnten die Vielzahl von Scheidungsverfahren insbesondere nach 1945 jedoch nicht bewältigen. Einer Zuweisung von Ehesachen an die County Courts stand entgegen, daß das alleinige Postulationsrecht der Barristers nur am High Court und nicht an den County Courts besteht und die Barristers daher einen Teil ihrer Einkünfte in Ehesachen verloren hätten. Bei dieser Interessenlage[269] schlug ein besonders eingesetztes Reform-Kommittee[270] den folgenden Kompromiß vor, der auch durch Verordnung des Lord Chancellor[271] verwirklicht wurde: statt den County Court Judges bestimmte Ehesachen zuzuweisen mit der Wirkung, daß auch die Solicitors in Ehesachen postulationsfähig geworden wären, machte man von der Institution der 'special commission' Gebrauch und beauftragte eine Anzahl County Court Judges[272], als Zweigstellen des High Court Ehesachen durchzuführen. Sie erhielten in dieser Funktion Titel, Robe und Befugnisse eines High Court Judge mit der Wirkung, daß selbst in nichtstreitigen Scheidungsverfahren die Parteien es hinnehmen

[268] Supreme Court Act, 1925, s. 21.

[269] Vgl. *Jackson*, op. cit., p. 62 et seq. mit scharfer Kritik an dieser Reform.

[270] 2nd Interim Report of the Committee on Procedure in Matrimonial Causes, 1946.

[271] Erlassen vom Lord Chancellor mit Zustimmung des Lord Chief Justice und des Präsidenten der P. D. A. Hauptabteilung, vgl. Supreme Court Act, 1925, s. 70 (5).

[272] Zu den County Courts und deren Richterpersonal vgl. County Courts Act, 1959; *Dale*, County Court Practice 1967 (Green Book). Die County Court Judges werden mit Inkrafttreten des Courts Act, 1971, sog. Circuit Judges.

mußten, daß ihr Solicitor nicht postulationsfähig war und einen Barrister beauftragen mußte.

Mit dem Matrimonial Causes Act, 1967, fand eine Neuregelung der Zuständigkeit in Ehesachen statt[273]. Der Lord Chancellor wurde ermächtigt, durch Rechtsverordnung bestimmte County Courts zu Divorce County Courts zu ernennen. Für das Gebiet von London erhielt die Principal Registry der jetzigen Family Division die Funktion eines Divorce County Court. Alle Klagen in Ehesachen müssen nunmehr an einem dieser lokalen Divorce-Gerichte erhoben werden. Soweit die Klage unstreitig (undefended[274]) ist, wird sie von einem County Court Judge entschieden. Hört sie auf, unstreitig zu sein, so muß an den High Court verwiesen werden, denn die Judges der Family Division sind insoweit ausschließlich zuständig. Wird die Klage wieder unstreitig, kann zurückverwiesen werden.

Hinsichtlich unstreitiger Ehesachen wird der County Court Judge also nicht mehr als Richterkommissar des High Court, sondern als Richter des Divorce County Court tätig; die Parteien brauchen sich daher nur von Solicitors vertreten zu lassen. Da in den County Courts als Vorverfahrensrichter County Court Registrars tätig werden, sind diese in streitigen Ehesachen, die an den High Court verwiesen werden müssen, Vorverfahrensrichter nicht nur für den jeweiligen County Court Judge, sondern auch für die High Court Judges.

---

[273] Matrimonial Causes Act, 1967, s. 1, s. 4 (3); Matrimonial Causes Act, 1968, s. 1 (3); Divorce County Courts Order, 1968.

V. Teil: Die Richtergehilfen

§ 14 Die Taxing Masters

Die Taxing Masters des Supreme Court führen den Titel Master of the Supreme Court (Taxing Office). Das Taxing Office ist die Abteilung des Central Office, in der die Kostenfestsetzungsverfahren der Queen's Bench und der Chancery Division durchgeführt werden[275]. Die Taxing Masters werden vom Lord Chancellor ernannt[276]. Die Befähigung zu diesem Amt hat, wer 10 Jahre als Solicitor praktiziert hat oder wer 10 Jahre zugelassener Solicitor ist, wenn der Betreffende bisher Chancery Master, District Registrar oder Official Solicitor am Supreme Court war[277]. Die Taxing Masters haben ihr Amt during good behavior[278] und genießen damit die gleiche persönliche Unabhängigkeit wie die unteren Richter des High Court, also die Masters und Registrars.

Die elf Taxing Masters leiten das Taxing Office, sie sind jedoch nicht die einzigen Gerichtsbeamten, die Kostenfestsetzungsverfahren durchführen können (taxing officers). Neben ihnen sind die Registrars und Principal Clerks der Family Division, die Principal Probate Registrars, der Admiralty Rgistrar und die District Registrars für ihre jeweiligen Abteilungen die Kostenfestsetzungsbeamten[279]. Außerdem sind innerhalb des Taxing Office bestimmte Principal Clerks ermächtigt, Kostenfestsetzungsverfahren durchzuführen[280]. Die Taxing Masters können ihnen Wei-

---

[274] Zum Begriff "undefended case" vgl. *Farnborough*, Englisches Ehescheidungsrecht, NJW 1971, S. 311 Fn. 10.

[275] R. S. C. Ord. 62, r. 21 (1) und (5) (b). Zu den Gebühren vgl. Supreme Court Costs Rules, 1959, und *Turner*, Gebühren der englischen Anwälte, AnwBl. 1967, S. 181.

[276] Supreme Court Act, 1925, s. 106 (3).

[277] Supreme Court Act, 1925, sch. IV No. 7; Administration of Justice Act, 1965, s. 24 (1) (b).

[278] Supreme Court Act, 1925, s. 115 (1), s. 127 (1), sch. III Pt. I.

[279] R. S. C. Ord. 62, r. 12 (1) und (4). Die Rules sprechen von powers, nicht von jurisdiction der Taxing Officers.

[280] R. S. C. Ord. 62, r. 13 (1).

sungen (directions) erteilen, und die Parteien können verlangen, daß ein Taxing Master entscheidet[281].

Als Rechtsmittel gegen Entscheidungen (certificates) eines Taxing Master ist zunächst eine Erinnerung (application for review) zum Taxing Master selbst gegeben[282]. Er kann seine Entscheidung aufheben oder bestätigen. Lehnt der Taxing Master eine Abänderung ab, so gibt es eine Beschwerde zum Judge[283] (application to a judge), der im Chambers-Verfahren tätig wird. Er kann jedoch nach seinem Ermessen auch eine Open-Court-Verhandlung (Hauptverhandlung) durchführen und die Hinzuziehung von Beisitzern (Assessors) anordnen[284]. Soweit ein anderer Taxing Officer, insbesondere ein Chief Clerk entschieden hat, geht die Erinnerung zum Taxing Master[285] und die Beschwerde dann ebenfalls zum Judge. Die Zuständigkeit der Queen's Bench Masters zur Entscheidung über Beschwerden gegen Beschlüsse der Taxing Masters ist ausdrücklich ausgeschlossen[286]; daraus wird ersichtlich, daß die Taxing Masters den übrigen Masters insoweit gleichgestellt sind.

§ 15 Die Assessors

Alle Judges und Official Referees am Supreme Court können zur Durchführung der Hauptverhandlung einen oder mehrere Assessors (Beisitzer) zuziehen[287], und zwar im High Court und im Court of Appeal. Das Prozeßgericht wird dadurch nicht zum Kollegialgericht; die Assessors haben vielmehr nur beratende Stim-

---

[281] R. S. C. Ord. 62, r. 13 (4) und (3).
[282] R. S. C. Ord. 62, r. 33 (1).
[283] R. S. C. Ord. 62, r. 35 (1).
[284] R. S. C. Ord. 62, r. 35 (3); der Wechsel in der Verfahrensart wird mit "adjourn into court" oder "adjourn into chambers" bezeichnet, vgl. Ord. 32, r. 13.
[285] R. S. C. Ord. 62, r. 34 (1).
[286] R. S. C. Ord. 32, r. 11 (1) (f).
[287] Supreme Court Act, 1925, s. 98 (1); R. S. C. Ord. 33, r. 2 (c) und (d). Häufig ist die Verwendung von Assessors nur in Admiralty-Sachen; in der Queen's Bench Division vgl. z. B. Southport Corporation v. Esso Petroleum Co. Ltd., (1953) 3 W. L. R. 773; im Court of Appeal vgl. Mercer d. Deune, (1905) 2 Ch. p. 544 (nautical assessors); Practice Direction (Court of Appeal), (1965) 1 W. L. R. 853.

me[288]. In welcher Weise sie am Verfahren beteiligt werden, liegt im Ermessen des Gerichts[289]. Der Assessor unterscheidet sich vom sachverständigen Zeugen (expert witness) dadurch, daß er aufgrund seines besonderen Amtes dem Gericht als Sachverständiger in bestimmten, insbesondere technischen Fragen zur Verfügung steht, während der sachverständige Zeuge als Beweismittel von der beweispflichtigen Partei beigebracht wird. Der Assessor schlägt daher z. B. dem Richter bestimmte Fragen vor, die dieser dann an den sachverständigen Zeugen richtet, um dessen Ansicht zu hören oder ihn zu veranlassen, seine Aussage zu erläutern[290]. Der Assessor ist kein allgemeiner Sachverständiger (court expert), der vom Prozeßgericht für eine Sachfrage zugezogen wird[291], sondern ein *amtlicher Sachverständiger*, der besonders in Seesachen (admiralty proceedings[292]) Verwendung findet. Die Assessors können insbesondere beauftragt werden, einen Augenscheinstermin vorzunehmen[293]. Der Judge ist an die Auffassung des Assessor nicht gebunden.

In Beschwerdeverfahren zum Judge gegen Kostenfestsetzungsbeschlüsse eines Taxing Officer kann der Judge ebenfalls Assessors zuziehen, und zwar mindestens zwei, von denen einer ein Taxing Officer sein muß[294].

§ 16 Die Examiners of the Court und die Conveyancing Counsel der Chancery Division

I. Ein Judge, Master, Registrar oder District Registrar kann, wenn Gründe für eine Vernehmung außerhalb der Hauptverhandlung vorliegen, etwa zur Beweissicherung, diese durch einen *Exam-*

[288] Vgl. *Henkel*, England, S. 41.
[289] Zur Abgrenzung der Aufgaben von Judge und Assessors vgl. The City of Berlin, (1908) P. 118 (C. A.); The Konig Willem II, (1908) P. 137 C. A. Zum Verfahren vgl. R. S. C. Ord. 33, r. 6.
[290] Richardson v. Redpath Brown & Co., (1944) A. C. 62, 1 All. E. R. 110.
[291] Vgl. R. S. C. Ord. 40.
[292] R. S. C. Ord. 75, r. 25 (2); vgl. auch *Curti*, Englands Zivilprozeß, S. 12: „nur in Seesachen"; zu den Gebühren vgl. *Jacob*, Supreme Court Practice 1967, Vol. II p. 187.
[293] R. S. C. Ord. 75, r. 28. Vgl. *Koellreutter*, Richter und Master, S. 23.
[294] R. S. C. Ord. 62, r. 35 (5) und (1).

iner of the Court vornehmen lassen[295]. Die Examiners (Vernehmungskommissare[296]) sind Anwälte und werden vom Lord Chancellor für einen Zeitraum bis zu 5 Jahren ernannt[297]. Ernannt werden kann ein Barrister mit mindestens 3jähriger Anwaltszulassung. Der Lord Chancellor kann die Ernennung jederzeit widerrufen. Die auf diese Weise ernannten (vier) offiziellen Examiners werden nach einer besonderen, in den Rules of the Supreme Court enthaltenen Gebührentabelle[298] bezahlt.

Hat das Gericht eine Vernehmung durch einen offiziellen Examiner angeordnet, so wird dieser im Rotationssystem von einem clerk des Chancery Registrars' Office bestimmt[299]. Die Parteien können aber auch die Bestellung eines besonderen Vernehmungskommissars (special examiner) beantragen. Es wird dann ein Barrister beauftragt, für den die allgemeinen Gebührenvorschriften für die offiziellen Examiners nicht gelten[300]. In Admiralty-Angelegenheiten gibt es besondere Examiners, die vom Präsidenten der Division ernannt werden[301]. Es gibt gegenwärtig drei Admiralty Examiners, die früher Solicitor gewesen sind.

Die Examiners sind den deutschen beauftragten Richtern zu vergleichen, da sie funktionell richterliche Geschäfte für das Prozeßgericht erledigen. Von den eigentlichen Richterkommissaren unterscheiden sich die Examiners dadurch, daß sie niemals eine Hauptverhandlung durchführen, also nicht streitentscheidend tätig werden.

II. Die *Conveyancing Counsel* der Chancery Division sind Barristers, die vom Lord Chancellor ernannt werden[302] und besondere Richtergehilfen der Chancery Division in grundstücksrechtlichen Angelegenheiten sind. Sie erhalten kein Gehalt, sondern Gebüh-

---

[295] R. S. C. Ord. 39, r. 1; Ord. 48, r. 1; Hunt v. Allied Bakeries Ltd. (No. 2), (1959) 1 All. E. R. 37, C. A.; vgl. *Gerland*, Englische Gerichtsverfassung. S. 455 ff.

[296] Zu dieser Bezeichnung vgl. *Cohn*, Beweisaufnahme, S. 234.

[297] R. S. C. Ord. 39, r. 16.

[298] R. S. C. Ord. 39, r. 19.

[299] R. S. C. Ord. 39, r. 17 (1).

[300] Vgl. *Cohn*, Beweisaufnahme, S. 235, zum Verfahren vor dem Examiner, S. 237 f.

[301] R. S. C. Ord. 75, r. 31.

ren von den Parteien, die von einem Taxing Officer festgesetzt werden, gegen dessen Entscheidung es ein Rechtsmittel (appeal) zum Judge gibt[303].

Die Zuweisung (reference) einer Angelegenheit an einen Conveyancing Counsel allgemein erfolgt im Vorverfahren durch einen Master und in der Hauptverhandlung durch den Judge (oder Master, wenn dessen Zuständigkeit prorogiert wurde), wobei im Fall der Zuweisung in der Hauptverhandlung die Zuweisungsverfügung von dem Chancery Registrar, der den Sitzungsdienst in der Chancery Division leistet, ausgefertigt wird[304]. Die Bestimmung des jeweiligen Conveyancing Counsel erfolgt dann durch den rota clerk des Chancery Registrars' Office im Rotationssystem[305]. Das zuweisende Prozeßgericht kann aber auch einen bestimmten Conveyancing Counsel zuziehen[306].

Der Conveyancing Counsel gibt lediglich eine Stellungnahme (opinion) ab und trifft keine Entscheidung[307]. Jede Partei kann dieser Stellungnahme widersprechen, worauf die streitige Frage von einem Judge entweder in chambers (als Verfahrensart) oder in court entschieden wird[308]. Welche Aufgaben dem Conveyancing Counsel im einzelnen übertragen werden, steht im Ermessen des Gerichts[309]. Es sind dies insbesondere die Untersuchung liegenschaftsrechtlicher Besitztitel und die Abfassung bestimmter grundstücksrechtlicher Verträge[310].

Insgesamt gesehen erfüllen die Conveyancing Counsel als Richtergehilfen der Chancery Division entlastende und beratende, teilweise auch vollstreckungsrechtliche Funktionen.

---

[302] Supreme Court of Judicature Act, 1925, s. 217, geändert durch Administration of Justice Act, 1956, s. 14. Es gab 1967 drei Conveyancing Counsel.

[303] Vgl. *Jacob*, Supreme Court Practice 1967, Ord. 31/8/1.

[304] R. S. C. Ord. 31, r. 8 (1).

[305] R. S. C. Ord. 31, r. 7 (1).

[306] R. S. C. Ord. 31, r. 7 (2).

[307] R. S. C. Ord. 31, r. 5.

[308] R. S. C. Ord. 31, r. 6.

[309] R. S. C. Ord. 31, r. 5 (c).

[310] R. S. C. Ord. 31, r. 5. Vgl. *Gerland*, Englische Gerichtsverfassung, S. 404 f.

§ 17 Die Associates und die Chancery Registrars

I. Die Associates

Derjenige Gerichtsbeamte, der in der Hauptverhandlung der Queen's Bench Division im Zentralgericht in London als Gehilfe der Richter tätig wird, heißt Associate oder Judge's Associate. Er wird vom Crown Office and Associates' Department des Central Office gestellt. Sein Rang als Gerichtsbeamter ist Assistant Master oder Clerk.

Die Associates haben volle juristische Ausbildung[311]. Im Rahmen des Sitzungsdienstes haben sie, neben dem amtlichen Stenografen, die Aufgaben eines Protokollführers. Zu protokollieren sind insbesondere die Dauer der Hauptverhandlung, Entscheidungen in Tatfragen durch die Jury, der Urteilstenor und die Kostenentscheidung, soweit sie vom Richter der Hauptverhandlung erlassen wird[312]. Der siegreichen Partei stellen sie außerdem auf deren Antrag ein formelles Zertifikat über das gefällte Urteil aus. Außerdem wirken die Associates bei der Leitung der Verhandlung mit, insbesondere führen sie die Auslosung der Geschworenen nach der Sessionsliste durch. Der Associate (und nicht der Vorverfahrensrichter) bereitet auch die Hauptverhandlung in ihrem technischen Ablauf vor. Er hat hierfür einschlägige Entscheidungen und Vorschriften vorher nachzuprüfen und berät den Judge gegebenenfalls in der Hauptverhandlung[313]. Er fungiert insoweit als Richtergehilfe für Rechtsfragen, während ein Assessor nur für Tatfragen hinzugezogen werden kann.

Alle Augenscheinsobjekte und alle Urkunden, die während der Hauptverhandlung als Beweismittel übergeben werden, sind vom

---

[311] Vgl. *Koellreutter*, Richter und Master, S. 22. Zur Geschichte vgl. Judicature (Officers) Act, 1879. Die Associates haben eine Juristenausbildung und kommen aus der Laufbahn als Clerk, vgl. *Reynold*, Justiz, S. 38, a. A. *Cohn*, Gerichtstag, S. 53.

[312] R. S. C. Ord. 35, r. 10; zum amtlichen Stenografendienst vgl. Ord. 68.

[313] Vgl. *Gerland*, Englische Gerichtsverfassung, S. 531 ff.; *Reynold*, Justiz, S. 38; für das schweizerische Recht *Guldener*, Zivilprozeßrecht, S. 12: „Nach mehreren kantonalen Rechten nimmt (der Gerichtsschreiber) mit beratender Stimme an den Sitzungen des Gerichts teil. Ihm kann die Redaktion der Entscheidungen übertragen sein ... Als Gerichtsschreiber pflegen nur Personen mit juristischer Vorbildung bestellt zu werden."

Associate in Gewahrsam zu nehmen, der darüber ein Verzeichnis zu führen hat[314]. Darüber hinaus ist es die Aufgabe des Associate, eine Ausfertigung (certificate) über das gefällte Urteil auszustellen[315].

Der Sitzungsdienst in den mit Inkrafttreten des Courts Act, 1971, abgeschafften Assisen-Gerichten wurde von den Clerks of Assize wahrgenommen[316], die die gleichen Funktionen wie die Associates hatten.

Die Richtergehilfen leisten den Sitzungsdienst nicht nur in der ersten Instanz, sondern bei Rechtsmittelverfahren ihrer Abteilung auch in der nächsthöheren Instanz, also am Court of Appeal.

II. Die Chancery Registrars

Die Registrars der Chancery Division (Chancery Registrars und Assistant Chancery Registrars) werden vom Lord Chancellor ernannt[317]. Um ernannt werden zu können, müssen sie in der Geschäftsstelle der Registrars als Gerichtsbeamter (clerk) tätig gewesen sein[318]. Die Chancery Registrars haben ihr Amt 'during good behavior'[319], also auf Lebenszeit.

Während das Associates' Department des Central Office für den Sitzungsdienst in den Hauptverhandlungen der Queen's Bench Division (und bei entsprechenden Rechtsmittelverfahren am Court of Appeal auch dort) zuständig ist, nimmt für die Chancery Division aus historischen Gründen[320] das Chancery Registrars' Office diese Aufgaben wahr. Hier werden daher die Hauptverhandlungen durch den Cause Clerk vorbereitet[321], das Geschäftsregister und die Sitzungslisten geführt, hier erfolgt in bestimmten Fällen

---

314 R. S. C. Ord. 35, r. 11 (1) und (2).
315 Vgl. *Cohn*, Gerichtstag, S. 53; Archer, Queen's Courts, p. 61.
316 Vgl. *Gerland*, Englische Gerichtsverfassung und deutsche Gerichtsreform, S. 33.
317 Supreme Court Act, 1925, s. 123 (1); Courts Act, 1971.
318 Supreme Court Act, 1925, s. 126 (2).
319 Ibid., s. 115 (1), s. 127 (1) sch. II, Pt. II.
320 Zu Reformversuchen vgl. *Report* of the Committee on Chancery Chambers and the Chancery Registrars Office, 1960.
321 R. S. C. Ord. 34, r. 3 (1) und (5) (e).

auch die Geschäftsverteilung zwischen den beiden Gruppen von Judges der Hauptabteilung[322].

§ 18 Die Judges' Clerks

Die Judges' Clerks sind keine Gerichtsbeamten (officers) des Supreme Court, sondern eine Art Privatsekretäre der Richter[323]. Sie waren zunächst Bürovorsteher (clerk) im Anwaltsbüro (chambers) des Judge, als dieser noch Barrister war, und werden nach dessen Ernennung zum Richter mit übernommen und jetzt vom Staat bezahlt. Der Clerk ist regelmäßig bei den Hauptverhandlungen anwesend, hat jedoch dort keine offizielle Funktion. Er kann allerdings bei Verhinderung des Associate Vereidigungen vornehmen, ihn also insoweit vertreten.

Der Clerk ist außerdem im Central Office bei der Aufstellung der Terminslisten beteiligt und hält Verbindungen zu den Barristers Clerks[324].

§ 19 Der Official Solicitor des Supreme Court

Der Official Solicitor am Supreme Court wird vom Lord Chancellor ernannt[325]. Die Befähigung zu diesem Amt hat ein Jurist, der 10 Jahre praktizierender Solicitor, Chancery Master, Taxing Master oder als 10 Jahre zugelassener Solicitor Gerichtsbeamter am Supreme Court war[326]. Der Official Solicitor bekleidet sein Amt during good behavior mit der Einschränkung eines Absetzungsverfahrens, für das der Lord Chancellor zuständig ist[327].

---

[322] R. S. C. Ord. 4, r. 1 (2) (b).

[323] Vgl. *Reynold*, Justiz, S. 38; Supreme Court Officers (Pensions) Act, 1954, s. 2 (2).

[324] *Reynold* aaO S. 38; *Kayser*, Auswahl der Richter, S. 105.

[325] Supreme Court Act, 1925, s. 114 (1). Zu diesem Amt vgl. *Gerland*, Englische Gerichtsverfassung, S. 463 f.

[326] Supreme Court Act, 1925, sch. IV No. 9.

[327] Ibid., s. 115 (1), s. 127 (1), sch. III Pt. I; anders noch *Gerland*, Englische Gerichtsverfassung, S. 463: „... jederzeit ... entlaßbar".

Die Angelegenheiten, die dem Official Solicitor durch Verfügung des Prozeßgerichts übertragen werden, können nur enumerativ beschrieben und in ihrem Zusammenkommen historisch erklärt werden[328]. Es sind dies insbesondere Prozeßpflegschaften (guardian ad litem[329]) und Aufgaben eines Sequesters bei streitbefangenen Sachen, die verkauft werden sollen.

Bei Klagen auf Rechnungslegung oder auf Vorlegung eines Vermögensverzeichnisses kann das Gericht, wenn eine entsprechende gerichtliche Anordnung ergangen ist[330] und die Partei die Erstellung pflichtwidrig verzögert, dem Official Solicitor die Leitung der Vollstreckung übertragen[331]. Außerdem hat er die wegen contempt of court von einem Judge des Supreme Court Verurteilten zu visitieren und über jeden einzelnen Fall dem Lord Chancellor zu berichten[332].

Auf Anordnung des Gerichts stellt er auch über die Gründe einer Verzögerung beim Vollzug richterlicher Anordnungen[333] Untersuchungen an und berichtet dem Prozeßgericht.

Zusammenfassend ist festzuhalten, daß die Richtergehilfen am englischen High Court äußerst heterogene Funktionen wahrnehmen. Die Vielzahl der Ämter ist nur historisch zu erklären, ihr liegt jedoch das gemeinsame Prinzip zugrunde, die Judges von allen zeitraubenden, lästigen oder unbedeutenden Funktionen zu entlasten.

---

328 Vgl. *Halsbury*, Laws, 3rd ed. Vol. 9 p. 334.
329 Vgl. *Jacob*, Supreme Court Practice 1967, Vol. II, p. (892).
330 R. S. C. Ord. 43, r. 1.
331 Ibid., Ord. 42, r. 7 (2).
332 Vgl. *Halsbury*, Laws, Vol. 8 p. 49, p. 43 n. (k); Vol. 9 p. 443.
333 Harbin v. Mastermann, (1896) 1 Ch. 368; R. S. C. Ord. 43, r. 7 (2) und (1).

VI. Teil: Ergebnis

§ 20 Die Entlastung der Judges des High Court durch unteres Richterpersonal und durch Richtergehilfen

I. Im englischen Zivilprozeß sind im Verfahren des ersten Rechtszuges drei Abschnitte innerhalb des Erkenntnisverfahrens (Vorverfahren, Zwischenstadium zur Vorbereitung der Hauptverhandlung, Hauptverhandlung) sowie das Zwangsvollstreckungs- und das Kostenfestsetzungsverfahren zu unterscheiden. Von diesen Verfahrensstadien führt im Regelfall ein Judge nur die das Erkenntnisverfahren beendigende Hauptverhandlung durch, alle anderen Abschnitte sind dem unteren Richterpersonal oder sonstigem Justizpersonal überlassen. Der erste Abschnitt, das Vorverfahren, wird von den Masters, Registrars oder Dristrict Registrars durchgeführt, die, wenn der Prozeß spruchreif ist und eine Hauptverhandlung erforderlich wird, diese anordnen und das Verfahren an bestimmte Richtergehilfen verweisen. Diese bereiten die Hauptverhandlung vor und stellen den Sitzungsdienst, der den Judge in der Hauptverhandlung entlastet.

Nach der Hauptverhandlung, sofern diese erforderlich war, führt ein Taxing Officer das Kostenfestsetzungsverfahren durch. Vollstreckungsrichter sind im Regelfall die Richter des Vorverfahrens, also insbesondere die Masters[334], Registrars und District Registrars.

Rechtsmittelrichter innerhalb des High Court ist grundsätzlich ein Judge, von Ausnahmen insbesondere im Kostenfestsetzungsverfahren abgesehen. In der rechtlichen Ausgestaltung der Rechtsbehelfe gibt es verschiedene Ausformungen entsprechend dem Grad der Selbständigkeit des unteren Richterpersonals, und zwar bilden die unteren Richter teilweise eine selbständige Instanz, teilweise sind sie bloße Richterstellvertreter.

---

[334] Vgl. *Curti*, Englands Zivilprozeß, S. 117.

II. In der Hauptverhandlung wird der Judge durch einen Richtergehilfen entlastet, der zu der Geschäftsstelle gehört, die die Hauptverhandlung vorbereitet hat. Diese Richtergehilfen im eigentlichen Sinne übernehmen rein formelle Handlungen innerhalb der Hauptverhandlung, bereiten aber auch Fragen des materiellen und formellen Rechts vor und beraten den Judge hinsichtlich des betreffenden Verfahrens. Sie protokollieren den wesentlichen Inhalt der Hauptverhandlung und setzen später die Entscheidungen ab. Wird das Verfahren im zweiten Rechtszug verhandelt, so nimmt der betreffende Richtergehilfe auch dort den Sitzungsdienst wahr, kann also mit seinen Vorkenntnissen hinsichtlich des Verfahrens dann die Rechtsmittelrichter beraten.

Neben diesen Richtergehilfen kann sich der Judge in der Hauptverhandlung auch der Unterstützung von nicht stimmberechtigten Beisitzern bedienen, die durch sachverständige Beratung auf die Vernehmung von Parteien und Zeugen Einfluß nehmen können. Außerdem besteht die Möglichkeit, Zeugenvernehmungen außerhalb der Hauptverhandlung und Augenscheinstermine durch bestimmte Richterkommissare (referees) und besondere Richtergehilfen (examiners) vornehmen zu lassen[335].

Die High Court Judges können eine Sache auch ganz oder teilweise zur Erledigung an Richterkommissare verweisen. Als Richterkommissare fungieren Barristers, also Anwälte, und Richter anderer Gerichte, insbesondere der County Courts.

III. Bei der allgemeinen Zuständigkeitsverteilung zwischen dem oberen und dem unteren Richterpersonal am High Court besteht je nach der Verfahrensart die Befugnis der Judges zur Erteilung von allgemeinen oder speziellen Weisungen (directions) an das untere Richterpersonal, aus der sich – unter Zurückdrängung des Prinzips des gesetzlichen Richters[336] – eine allgemeine Leitungsfunktion der Judges bei gleichzeitiger Entlastung von allen Pro-

---

[335] Vgl. aber *Erdsiek*, Besprechung von *Cohn*, Englischer Gerichtstag, JZ 1957, S. 592: „... bei seiner (sc. des englischen Richters) selbstverantwortlichen Entscheidung ohne falsche Entlastung durch beauftragte oder ersuchte Richter oder Hilfsarbeiter in unserem Sinne".

[337] Vgl. *Henkel*, England, S. 47 ff.

zeßformalitäten ergibt. Diese Funktionsgliederung hinsichtlich der Rechtsprechungsaufgaben am High Court führt zu einer weitgehenden Hierarchisierung des englischen Richterpersonals, die sich auch in der Verwendung von Richterstellvertretern und Richterkommissaren und der häufig anzutreffenden Regelung zeigt, die Verfahren je nach ihrer Bedeutung dem oberen Richterpersonal vorzubehalten bzw. an das untere Richterpersonal zu delegieren. Diese funktionale Hierarchisierung korrespondiert wegen der historisch überkommenen Zweiteilung der englischen Juristen in Barristers und Solicitors nicht mit einer grundsätzlich nach oben offenen Laufbahn, vielmehr sind – bei flexibler Staffelung – die oberen Richterämter den Barristers vorbehalten, während die unteren Richterämter auch den Solicitors offenstehen. Als Entwicklungstendenz der englischen Gerichtsverfassung ist eine gewisse Dezentralisierung[337] der Rechtspflege festzustellen; ein Abbau der hierarchischen Strukturen der englischen Richterschaft ist auch in den Reformgesetzen der neuesten Zeit[338] nicht zu erkennen. Insgesamt gesehen ist es ein charakteristisches Prinzip des englischen Richterrechts, weitgehend alle nichtstreitentscheidenden Funktionen von den Judges auf richterliches Hilfspersonal zu delegieren, wobei die Kontrolle des Umfangs der Delegation den Judges vorbehalten ist. Dieses Prinzip ist historisch begründet und ermöglichte, die Zahl der Judges niedrig zu halten.

---

[337] Vgl. Courts Act, 1971, s. 1 (2) durch Abschaffung der Assisen-Gerichte.

[338] Administration of Justice Act, 1970, s. 31; Courts Act, 1971, s. 23. Allerdings hat sich die Zahl der Judges in den letzten Jahren verdoppelt, vgl. *Abel/Smith-Stevens*, Lawyers, p. 270. Andererseits wurde durch das Courts Act, 1971, s. 24 (1) dem Lord Chancellor die Möglichkeit eingeräumt, als vorübergehende Maßnahme Deputy Judges zu ernennen, um einen besonders großen Geschäftsanfall an diesem Gericht zu bewältigen. Die Ernennung kann sowohl auf Zeit erfolgen wie auch für einen Einzelfall. Der Deputy Judge hat während seiner Amtszeit oder der Durchführung seiner Aufgaben die gleichen Befugnisse wie ein High Court Judge, s. 24 (3) (mit Ausnahmen, vgl. s. 24 [4]).

§ 21 Folgerungen hinsichtlich der Einführung von unterem Richterpersonal und von Richtergehilfen in der deutschen Gerichtsbarkeit

I. Die Modelle I und II der Kommission für Gerichtsverfassungsrecht, soweit damit eine zweigliedrige Richterschaft vorgeschlagen wird, finden im englischen Recht ihre Entsprechung in der Richterschaft am High Court, die sich in Judges einerseits und Masters, Registrars und Official Referees andererseits gliedert. Es findet sich am High Court auch eine Zuständigkeitsabgrenzung nach der Höhe des Streitwertes und der Bedeutung der Sache. Dem entspricht eine Zweiteilung in der Ausbildung der englischen Juristen:

Während die Judges und ein Teil des unteren Richterpersonals die Ausbildung (und Berufserfahrung) eines Barrister haben[339], sind eine Anzahl unterer Richterämter mit Solicitors besetzt, deren juristische Ausbildung eine andere ist[340]. Diese Unterscheidung der Ausbildung hat ihren Grund in der Geschichte der englischen Anwaltsstände[341] und läßt sich nicht mit der deutschen Richter- bzw. Rechtspflegerausbildung parallelisieren.

Das Modell II, das darüber hinaus auf eine funktionale Zweigliedrigkeit des deutschen Zivilprozesses zielt, hat mit dem Vorschlag, den Rechtspfleger nicht nur zum Bagatellrichter, sondern auch zum Vorverfahrensrichter zu machen, seine deutliche Parallele im englischen Zivilprozeß. Die Gliederung in Vorverfahren (Chambers-Verfahren) und Hauptverhandlung findet jedoch bisher – auch im Hinblick auf die Beschleunigungsnovelle – nur geringe Entsprechung im deutschen Zivilprozeß und den Reformbestrebungen hinsichtlich des Verfahrensrechts. Erst ein reformierter Zivilprozeß mit – wenn möglich – einer Hauptverhandlung würde aber die Voraussetzung für die Einführung eines Vorverfahrensrichters bieten.

---

[339] Vgl. *Cohn*, Reich des Anwalts, S. 17; *Boulton*, Conduct and Etiquette at the Bar, der die Grundzüge des Standesrechts bringt.

[340] Vgl. *Cordery*, Solicitors, p. 14 et seq. zur Ausbildung des Solicitors.

[341] Vgl. *Cohen*, History of the English Bar; *Schellenberger*, Haftung des Anwalts in England, S. 29 ff. zur geteilten Anwaltschaft, und *Gerland*, Englische Gerichtsverfassung, S. 888 ff.

Hinsichtlich der Verwendung von Richtergehilfen in der deutschen Gerichtsverfassung ist die Tätigkeit der sog. juristischen Hilfsarbeiter[342] an den obersten Gerichten, die bisher keine gesetzliche Grundlage hat, als Hilfsfunktion außerhalb der Verhandlungen zu berücksichtigen. Sie findet ihre Parallele in bestimmten englischen Justizbeamten, die u. a. Entscheidungen absetzen[343]. Im übrigen fungieren die englischen Vorverfahrensrichter insoweit als Richtergehilfen, als sie das Verfahren bis zur Entscheidungsreife fördern.

II. Im Hinblick auf die Große Justizreform ist davon auszugehen, daß mit der Einführung von Rechtspflegern als selbständigen Rechtspflegeorganen und durch die Verwendung von Hilfsarbeitern eine — bei allen Unterschiedlichkeiten der beiden Gerichtsorganisationen — gewisse Strukturähnlichkeit mit der englischen Gerichtsverfassung entstanden ist.

In welchem Umfang hinsichtlich der deutschen Richter und Rechtspfleger weitere, über das Rechtspflegergesetz vom 5. November 1969 hinausgehende Änderungen der Aufgabenverteilung erforderlich sind und ob die Einführung eines unteren Richterpersonals für die deutsche Gerichtsbarkeit rechtspolitisch zweckmäßig ist, kann die Strukturanalyse des Richterpersonals am High Court als solche nicht beantworten. Zur Lösung von Reformproblemen der eigenen Gerichtsverfassung ist jedoch der Blick auf eine ausländische Rechtsordnung insoweit fruchtbar, als einzelne Institutionen und Verfahrensweisen — deren Kontext, Funktion und Effizienz in beiden Rechtsordnungen durchaus verschieden sind — strukturelle Anregungen für Änderungen des eigenen Systems geben können.

Unter dem Blickwinkel einer Entlastung der Richter erscheint als wesentliche Anregung, die die Struktur des englischen High Court

---

[342] In welchem Umfang Referendare während ihrer Ausbildung als Richtergehilfen Verwendung finden und welchen Wert ihre Arbeit für die Gerichte hat, ist bisher nicht bekannt; auch insoweit ist Rechtstatsachenforschung erforderlich.

[343] Vgl. *Bichelmeir*, Hilfsarbeiter, S. 125, der zutreffend darauf hinweist, daß die Masters und Registrars zum Vergleich mit dem juristischen Hilfsarbeiter nicht herangezogen werden können. Er berücksichtigt jedoch nicht die eigentlichen Richtergehilfen.

of Justice geben kann, die Einführung bzw. *Entwicklung eines auf Verfahrensfragen spezialisierten Justizpersonals in der deutschen Gerichtsverfassung.* Dies könnte durch eine Kombination der verschiedensten Maßnahmen erreicht werden.

Eine entsprechende Reform der deutschen Justiz unter Verwertung englischer Erfahrungen hat dabei als wesentliche Voraussetzung, daß sich innerhalb des deutschen Prozesses formalisierte Tätigkeiten ausgrenzen lassen und diese optimal durch spezialisierte Justizbeamte erledigt werden können. Dies gilt ganz allgemein für das „Procedere" des Verfahrens, denn gerade die formalisierte Verfahrensweise des Prozesses erfüllt ihre Funktion der Gewährleistung von Rechtssicherheit nur dann, wenn die institutionelle Gleichförmigkeit und Gleichartigkeit der Verfahren auch in der Rechtspraxis gesichert sind. Wird also der deutsche Zivilprozeß unter Heranziehung aller Verfahrensbeteiligten – etwa unter Verwendung von Formularen – stärker formalisiert und der Verfahrensgang insgesamt bis zur Entscheidungsreife der Sache stereotypisiert, ist es im Hinblick auf das englische Modell erwägenswert, ein so gestaltetes Vorverfahren dem (entsprechend vorgebildeten) Rechtspfleger zuzuweisen[344].

Die Möglichkeit einer solchen strukturellen Reform hängt entscheidend vom Erfolg des von der Bundesregierung beschlossenen Entwurfs eines Gesetzes zur Änderung der Zivilprozeßordnung (der sog. Beschleunigungsnovelle[345]) ab. Dem Vorschlag *Baur's*[346] und dem sog. Stuttgarter Modell[346a] zumindest teilwei-

[344] *A. A. Schäffke*, DRiZ 1968, S. 240, der keinen Vorteil in der Einführung einer Vorschaltinstanz sieht. *Ritzmann*, DRiZ 1964, S. 261 ist der Ansicht, daß ein Vorverfahren auf eine Duplizierung oder Beseitigung des arbeitsrechtlichen Güteverfahrens hinauslaufen würde; vgl. auch *Wach*, Grundfragen, S. 252 mit scharfer Kritik an der Institution eines Vorverfahrensrichters, allerdings ohne im einzelnen auf die Möglichkeit eines formalisierten Verfahrens einzugehen. Befürwortend z. B. *Buchholz*, Rechtspfleger 1950, S. 154; *Zelter*, Rechtspfleger 1950, S. 243; und schon *Hermsen* aaO, S. 349.

[345] BT-Drucks. VI/790; vgl. *Deubner*, Maßnahmen zur Beschleunigung, ZZP 82, S. 257; *Arens*, Mündlichkeitsprinzip, S. 35 ff.; weitgehend ablehnend *Anwaltsverein*, AnwBl. 1968, S. 334.

[346] *Baur*, Konzentration, S. 13, teilweise mit Bezug auf *Schubert*, Vortermin (vgl. S. 19 Fn. 30); vgl. schon *Wildhagen*, Mündlichkeit, S. 825 ff.; *Heinsheimer*, Vorverfahren, Sp. 49 f., *Lobe*, Klagen des Volkes, S. 718.

[346a] Vgl. *Bender*, Hauptverhandlung, DRiZ 1968, S. 163 ff.; *Arens*, Mündlichkeitsprinzip, S. 33 f.; *Herbst*, Hauptverhandlung, DRiZ 1972, S. 55 f.

se folgend, sieht dieser Entwurf ein schriftliches Vorverfahren (§ 261 a) alternativ zu einer möglichst frühzeitigen Anberaumung des ersten Verhandlungstermins (§ 260 a) vor. Das schriftliche Verfahren wird als zur Verfahrensbeschleunigung geeignet angesehen, wenn eine Ausuferung des vorterminlichen Schriftsatzwechsels nicht zu befürchten ist. Sofern die Reform des Zivilprozesses den durch diesen Entwurf eingeschlagenen Weg geht, könnte das Vorverfahren, insbesondere der Schriftsatzwechsel der Parteien bis zur mündlichen Verhandlung mehr und mehr formalisierte Elemente enthalten, die das Prozeßgericht und damit der Richter nur zu überwachen hat, deren eigentliche Vornahme aber dem Geschäftsstellenpersonal und insbesondere dem Rechtspfleger überlassen werden kann.

In diesem Zusammenhang ist auf § 25 RPflG 1970 hinzuweisen, wonach durch das Rechtspflegergesetz die Befugnis der Landesjustizverwaltungen nicht berührt wird, den Rechtspfleger mit der Mitwirkung bei Geschäften zu beauftragen, die vom Richter wahrzunehmen sind, insbesondere soweit es sich um die Vorbereitung richterlicher Amtshandlungen, darunter die Anfertigung von Entwürfen handelt. Eine solche rechtliche Möglichkeit, innerhalb der dem Richter vorbehaltenen Verfahren gewisse Vorbereitungsmaßnahmen, insbesondere den Entwurf von Formular- und Serienverfügungen durch Kräfte des mittleren und gehobenen Justizdienstes erledigen zu lassen, besteht schon seit der preußischen Ausführungsverordnung vom 25. April 1906[347]. Ähnliche Vorschriften gab es in fast allen damaligen Ländern[348]. Der Zweck des § 25 RPflG ist ein zweifacher: einmal schafft er eine Entlastungsmöglichkeit für den Richter, und andererseits kann die vorbereitende Tätigkeit des Rechtspflegers dazu dienen, eine kommende Übertragung von Geschäften auf ihn vorzubereiten. In der Begründung von Entlastungsverfügungen wird in diesem Zusammenhang immer wieder betont, daß der Rechtspfleger sich durch die vorbereitende Tätigkeit gut bewährt habe und daß ihm

[347] Pr. JMBl. 1906, S. 112 ff., später ersetzt durch AV vom 9. 11. 1910 (Pr. JMBl. S. 393 ff.).

[348] *Arnold-Meyer/Stolte*, Rechtspflegergesetz 1970, Rdn. 25.1 mit weiteren Nachweisen.

deshalb die betreffenden Geschäfte nun zur selbständigen Bearbeitung übertragen werden können[349].

Die bisherige Verwaltungspraxis[350] bei der Mitwirkung von Rechtspflegern müßte daher durch Rechtstatsachenforschung geklärt und die bisherigen Erfahrungen sollten für die stufenweise Übertragung von prozeßvorbereitenden Aufgaben verwertet werden, wobei die Reform des Zivilprozesses hinsichtlich der Verfahrensbeschleunigung und der Heranziehung von Rechtspflegern miteinander koordiniert werden sollten. Außerdem sind die Anforderungen an die juristische Ausbildung der Rechtspfleger[351] entsprechend zu steigern.

Bedenken könnten bei der Verwendung von Rechtspflegern als Vorverfahrensrichter etwa hinsichtlich des Erlasses von Versäumnisurteilen bei Säumnis des Beklagten bestehen, da insoweit über den formalisierten Verfahrensgang hinaus eine Entscheidung zu finden ist. Insoweit würde die Stellungnahme eines Richters erforderlich sein, ob das Vorbringen des Klägers den Klageantrag rechtfertigt.

Entsprechend dem englischen Modell wäre auch an die Einführung eines besonderen beschleunigten Rechtsmittelverfahrens bei Verfahrensrügen zu denken, das von einem auf prozeßrechtliche Fragen spezialisierten Richter durchzuführen wäre. Dies hätte den Vorteil der beschleunigten rechtskräftigen Entscheidung von Verfahrensfragen und gewährt die Möglichkeit einer praxisnahen Spezialisierung. Die überwiegende Zahl der Richter könnte sich dann auf ihre eigentliche Aufgabe der Entscheidung materiellrechtlicher Streitigkeiten konzentrieren.

Hinsichtlich der Einführung von Richtergehilfen bietet die englische Gerichtsverfassung kein unmittelbar für den deutschen Richter passendes Modell, da insoweit die Strukturen zu verschieden sind. Hinsichtlich der Verwendung von wissenschaftlichen Hilfsarbeitern ist aber zunächst die Forderung nach einer Legalisie-

---

[349] Vgl. *Arnold-Meyer/Stolte*, aaO Rdn. 25.2.

[350] Vgl. z. B. Hamburger AV vom 1. 9. 1970 – Hmb. JVBl. – 1970, 105 zu II.

[351] Vgl. *Habscheid*, NJW 1970, S. 1779: „Wird man dem Rechtspfleger die Befähigung zur Bekleidung anderer juristischer Berufe kaum absprechen können".

rung der derzeitigen Praxis zu unterstützen. Im übrigen sollte diese Praxis auch quantitativ untersucht werden, um einen Überblick über die tatsächliche Belastung der deutschen Richterschaft zu gewinnen. Es ist in diesem Zusammenhang zutreffend darauf hingewiesen worden, daß im wesentlichen nicht bekannt sei, ob die Reformargumente in der Wirklichkeit eine Grundlage haben[352]. Die entsprechenden Erfahrungen sollten dann für alle Kollegialgerichte fruchtbar gemacht werden[353]. Allerdings sollte die Beschaffung der entscheidungsrelevanten juristischen Daten in der Hand des Richters bleiben, da sonst Vorgriffe des nicht entscheidungsbefugten Richtergehilfen unvermeidlich sind[354]. Eine allgemeine Einführung von Richterassistenten ist daher abzulehnen[355].

Bei einem hohen Grad der Zentralisation der Gerichte (insbesondere in den Großstädten und nach dem Übergang zur Dreistufigkeit der Gerichtsbarkeit) sollte – entsprechend dem Central Office des englischen Supreme Court – eine organisatorische Zusammenfassung der einzelnen Geschäftsstellen und eine Reorganisation der tradierten Büro- und Kanzleiarbeit nach modernen betriebswirtschaftlichen Gesichtspunkten erprobt werden. Dazu wären Einzeluntersuchungen über die Rationalisierbarkeit des Schriftsatzwechsels, der Entscheidungsabsetzung und der Dokumentation (Aktenaufbewahrung) erforderlich[356].

III. Hinsichtlich der Einführung einer Bagatellgerichtsbarkeit und damit der Zweigliedrigkeit der deutschen Richterschaft sind – gerade im Hinblick auf die sich pragmatisch entwickelnde englische Gerichtsverfassung – zwei Gesichtspunkte zu berücksichtigen: einerseits braucht das rechtsuchende Publikum eine mög-

---

[352] Vgl. *Zitscher*, Fragen der Justizreform, S. 32.

[353] Vgl. *Küchenhoff*, Sachbearbeiter, S. 291; *Bluhm*, Justizreform, S. 372, hält Richtergehilfen nur an den Revisionsgerichten für sinnvoll.

[354] Vgl. für die Arbeitsgerichtsbarkeit *Ritzmann*, Arbeitsgerichtsbarkeit, S. 261.

[355] *A. A. Seidel*, DRiZ 56, S. 143; vgl. auch die Leitsätze des Deutschen Richterbundes, DRiZ 60, S. 35, und *Trescher*, Möglichkeiten der Straffung, S. 66 ff., mit ausführlichem Überblick zum Stand der Diskussion.

[356] Vgl. *Trescher* aaO mit umfassender Darstellung der Reformmöglichkeiten; vgl. auch *Baumgärtel-Mes*, Rechtstatsachenforschung zur Dauer des Zivilprozesses (erste Instanz), 1971.

lichst effizient[357] organisierte und sich pragmatisch den Bedürfnissen des Rechtsverkehrs anpassende Justiz, und andererseits gilt für die Stellung der deutschen Richterschaft ein Satz, den *Wagemann*[358] geprägt hat und mit dem er sich gegen unkritische Forderungen nach Reduzierung der Richterzahlen und Hierarchisierung der Richterschaft nach englischem Vorbild wendet: „Unser Staat braucht keine königlichen, sondern demokratisch integrierte Richter." Art. 92 des Grundgesetzes, der die rechtsprechende Gewalt den Richtern anvertraut, ist im Zusammenhang mit den übrigen die verfassungsrechtliche Stellung der Dritten Gewalt regelnden Bestimmungen dahin zu interpretieren, daß das deutsche Richterrecht durch die grundsätzliche Gleichwertigkeit der rechtsprechenden Tätigkeit gekennzeichnet ist. Die Rechtsprechung kann daher nicht zu einem hierarchischen System wie dem der Verwaltung entwickelt werden, ohne sich in ihrer verfassungsmäßigen Form zu ändern[359]. Weitgehende verfassungsändernde Reformen wie die Schaffung einer zweigliedrigen Richterschaft und die Einführung einer Bagatellgerichtsbarkeit können nicht mit der Struktur einer ausländischen Gerichtsverfassung begründet werden, sondern entstammen den rechtspolitischen Vorstellungen der Beteiligten. Für die Große Justizreform sind daher nur strukturelle Anregungen aus der formenreichen englischen Gerichtsverfassung zu gewinnen. Weder läßt sich das System der englischen Richter in die deutsche Verfassung übertragen, noch reicht es als Parallele zur Begründung von Reformen aus.

---

[357] Vgl. schon *Gerland*, Probleme des englischen Rechtslebens, S. 34: „... es dürfte einer gewissen dogmatischen Übertreibung nicht entbehren, wenn man in Deutschland die Grundprinzipien und die Grundmaximen in einem Verfahren so stark betont, das letzten Endes seinem ganzen Wesen nach doch nur technisches Zweckmäßigkeitsverfahren ist".

[358] *Wagemann*, Richter, S. 12.

[359] Vgl. *C. Arndt*, DRiZ 1972, S. 42.

FSC
www.fsc.org
MIX
Papier | Fördert
gute Waldnutzung
FSC® C083411

Kolibri 360 GmbH
Ferdinand-Jühlke-Straße 7
99095 Erfurt, Deutschland
produktsicherheit@kolibri360.de